间歇式沥青混合料拌合设备研制

张洪丽　著

中国水利水电出版社
www.waterpub.com.cn
·北京·

内 容 提 要

　　本书是在沥青混合料拌合设备基本结构的基础上，针对沥青混合料拌合过程中出现的各类问题，研制了系列沥青混合料拌合设备，提高沥青成品料的生产质量和效率，解决生产过程中的节能和环保问题。本书共分为八章，主要内容包括：间歇式沥青混合料拌合设备结构；各系列沥青混合料拌合设备的特点、组成、主要性能指标、主要技术参数及设备优势；沥青旧料再生拌合设备的特点、组成、主要性能指标及主要技术参数；间歇式沥青混合料拌合设备的安装调试、生产前准备、故障的判断与处理及拌合站的管理。本书从实际应用出发，详细阐述了传统沥青混合料拌合设备、环保型沥青混合料拌合设备及沥青旧料再生拌合设备的设计开发、生产管理及应用；强调设备开发使用的合理性、实用性和可靠性，突出节能与环保技术。

　　本书可作为广大工程机械研究人与及高校学生的参考用书。

图书在版编目（ＣＩＰ）数据

间歇式沥青混合料拌合设备研制 / 张洪丽著. -- 北京 : 中国水利水电出版社，2019.4 （2025.4重印）
ISBN 978-7-5170-7591-2

Ⅰ. ①间… Ⅱ. ①张… Ⅲ. ①沥青拌和料－设备管理－研制 Ⅳ. ①U414

中国版本图书馆CIP数据核字(2019)第069193号

策划编辑：杜威　　　　责任编辑：张玉玲　　　　封面设计：李　佳

书　　名	间歇式沥青混合料拌合设备研制 JIANXIESHI LIQING HUNHELIAO BANHE SHEBEI YANZHI
作　　者	张洪丽　著
出版发行	中国水利水电出版社 （北京市海淀区玉渊潭南路 1 号 D 座　100038） 网址：www.waterpub.com.cn E-mail:　mchannel@263.net（万水） 　　　　sales@waterpub.com.cn 电话：（010）68367658（营销中心）、82562819（万水）
经　　售	全国各地新华书店和相关出版物销售网点
排　　版	北京万水电子信息有限公司
印　　刷	三河市元兴印务有限公司
规　　格	170mm×240mm　16 开本　14.75 印张　272 千字
版　　次	2019 年 4 月第 1 版　2025 年 4 月第 3 次印刷
定　　价	69.00 元

凡购买我社图书，如有缺页、倒页、脱页的，本社营销中心负责调换

前　言

随着社会主义现代化的推进，我国的公路建设事业飞速发展，公路机械化施工技术取得巨大进步。作为公路建设中常用的材料，沥青对路面的使用性能起到了重要的保护作用，沥青混合料拌合设备成为我国高等级公路施工的必备机械设备之一。保证沥青成品料的生产质量和效率，注重设备的使用、维修、保养与管理，侧重生产过程的节能与环保，成为沥青混合料拌合设备设计研发与制造的重点。在我国，对相关问题进行详尽阐述的书籍较少。因此，作者撰写了一本具有实用内容详尽并具有实际应用价值的间歇式沥青混合料拌合设备方面的参考书。

本书共分为八章，主要内容包括：间歇式沥青混合料拌合设备结构；各系列沥青混合料拌合设备的特点、组成、主要性能指标、主要技术参数及设备优势；沥青旧料再生拌合设备的特点、组成、主要性能指标及主要技术参数；间歇式沥青混合料拌合设备的安装调试、生产前准备、故障的判断与处理及拌合站的管理。

本书力求内容完整、详尽、切合实用，其内容多为作者近年来参与研究的一些成果，并吸收了国内外同行的研究成果，重点阐述了间歇式沥青混合料拌合设备的研制方案。在本书的研究和形成过程中，得到了相关企业专家的悉心指导、家人的大力支持和单位同事的帮助，衷心感谢敬爱的、亲爱的您给予我陈述个人观点和见解的勇气。

由于编者水平和能力有限，加之时间仓促，书中难免有疏漏之处，殷切希望专家和广大读者批评指正。

作者

2018 年 12 月

目　　录

第1章 绪论

近 30 年来，我国公路交通一直处于迅猛发展的态势。2017 年底，全国公路总里程达到 477.35 万 km，高速公路达 13.84 万 km，全国等级公路里程占公路总里程的 90.9%[1]。随着我国公路交通事业的迅猛发展，公路机械化施工取得巨大进步，沥青混合料拌合设备成为我国高等级公路施工的必备机械设备之一。

1.1 设备简介

沥青混合料拌合设备是指将冷骨料进行烘干、加热、筛分、计量，并加入适量的填充料（石粉），与热沥青液按一定配合比均匀搅拌而生成沥青混合料的设备[2]。图 1.1 为沥青混合料拌合设备总装图。

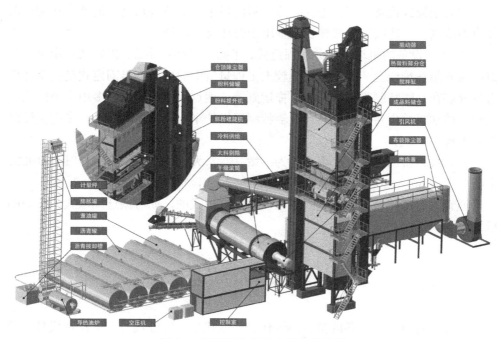

图 1.1 沥青混合料拌合设备总装图

我国沥青混合料拌合设备企业有 60 多家，但具有一定效益规模的只有 20 家左右，包括中交西安筑路机械有限公司、玛连尼、日工、德基机械、安迈、南方路机、铁拓、陆德、吉工、辽筑、加隆、雪桃、无锡华通、锡通、华通动力、三一重工、中联重科等行业骨干企业。除安迈、玛连尼、日工等外资品牌在国内投资建立的企业外，中交西筑、德基机械、南方路机等优势企业凭借其产品的先进技术、可靠性与稳定性等优势，也占据着较大市场份额[3]。

沥青混合料拌合设备的主要发展趋势为：发展大型沥青混合料拌合设备；研发节能、减排、环保及废旧沥青混合料再生利用设备；重视产品的自动、智能控制技术；配套件尤其是关键零部件的自主研发和制造。

设备分类：沥青混合料拌合设备按不同分类方式，有不同说法。一般有以下几种情况：

（1）按工艺流程可分为强制间歇式和连续滚筒式。强制间歇式设备的工作方式为间歇性按级配向搅拌锅内加入经计量的热骨料、粉料、沥青进行搅拌，在规定时间内拌合成符合要求的沥青混合料，生产能力按锅评定。因其结构完善、级配正确、计量精度高、成品料质量好、容易控制，在沥青路面特别是高速公路的施工工程中起到重要作用。

连续滚筒式设备的工作方式为冷矿料的烘干、加热与热沥青的拌合在同一滚筒内连续进行。连续滚筒式拌合设备用于普通公路建设。

（2）按设备的机动性可分为固定式、半固定式和移动式。固定式是指全部机组固定安装在场地上，多用于规模较大工程量集中的场合；半固定式是指全部机组将分装在几辆特制平板挂车上，拖运到施工地点后拼装架设，多用于公路施工工程；移动式是指将机组安装在一辆特制平板挂车上，可随时移动，多用于道路维修工程。

（3）按设备的额定生产率可分为小型、中型、大型和特大型。小型产量≤40t/h，中型产量为 60～120t/h，大型产量为 160～320t/h，特大型产量＞320t/h。

沥青混合料拌合设备的型式也可以是组合形式的，如可搬迁间歇式、移动间歇式等。

1.2　设备型号

沥青混合料拌合设备的型号由组代号、型代号、特性代号、主参数代号、变型和更新代号构成，如图 1.2 所示。

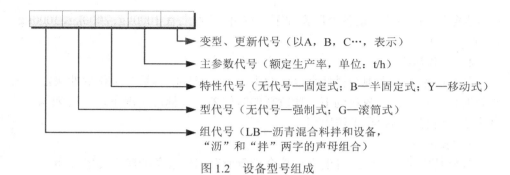

图 1.2 设备型号组成

示例：LB4000A

　　　　组代号：LB

　　　　型代号：无代号或 G，已省略

　　　　特性代号：无代号、B 或 Y，已省略

　　　　主参数代号：320t/h，4000kg/锅

　　　　更新和变型代号：A

国家规定的沥青混合料拌合设备的基本型号有 LB1000 型、LB2000 型、LB3000 型和 LB4000 型。在这些型号的基础上又衍生出其他型号，如 LB750 型、LB1500 型、LB2500 型、LB3500 型等。

1.3　设备工作性能

沥青混合料拌合设备的主要性能是额定生产率，它是指沥青混合料拌合设备在标准工况下的生产能力。

1. 标准工况

标准工况是指环境温度 20℃、标准大气压、冷骨料的规格符合规范要求、冷骨料平均含水量为 5%、热骨料温度为 160℃、循环时间为 45s、成品料为中粒式时的工况。

2. 生产率

生产率是指沥青混合料拌合设备在标准工况下每小时的生产量。对间歇式沥青拌合设备而言，用额定生产率来标定设备的生产能力。如 A1000 型的额定生产率为 120t/h；A2000 型的额定生产率为 160t/h；A3000 型的额定生产率为 240t/h；A4000 型的额定生产率为 320t/h。

3. 设计容量

针对强制间歇式设备，沥青混合料拌合设备的设计容量主要是指搅拌缸的容量。间歇式沥青站的容量各个厂家并不一致,但基本上有 1000kg、2000kg、3000kg、4000kg 几种。

4. 工作周期

强制间歇式沥青混合料拌合设备的生产率由搅拌缸容量与工作周期决定。工作周期是指从搅拌缸放料到下一次放料的时间差,在标准工况下,一般为 45s。对连续式而言,不存在工作周期。

5. 装机功率

装机功率是指一套沥青混合料拌合设备所有用电设备的额定功率总和。

6. 燃油消耗

燃油消耗是指生产 1t 合格成品料,干燥滚筒上的燃烧器所消耗的燃油重量。

7. 排放指标

沥青混合料拌合设备的环保排放指标包含两个方面:一是污染物排放浓度,另一个是污染物排放黑度。按国家标准规定,沥青混合料拌合设备的烟尘排放浓度为 $\leq 100mg/Nm^3$,烟气排放黑度为不超过林格曼黑度 I 级。

8. 计量精度

沥青混合料是严格按骨料、沥青、矿粉、添加剂的配比进行设计,因而控制骨料、沥青、矿粉、添加剂的计量精度是沥青混合料成分质量的保证。按国家标准规定,沥青混合料拌合设备的计量精度分为静态和动态两种计量精度。不论何种型式的沥青混合料拌合设备,其计量精度应该是一致的。

国家标准规定的沥青混合料拌合设备的计量精度见表 1.1。

表 1.1 间歇式沥青混合料拌合设备计量精度

序号	指标		单位	允许偏差
1	标准砝码计量（动态）	沥青计量准确度	%	±0.25
2		粉料计量准确度		±0.50
3		骨料计量准确度		±0.50
4		沥青计量准确度		±2.0
5		粉料计量准确度		±2.5
6		骨料计量准确度		±2.5

1.4 工艺流程

生产沥青混合料的原材料:多种粒径组成的骨料、沥青、粉料、其他添加特质。沥青混合料的生产过程示意图如图 1.3 所示,生产工艺流程如图 1.4 所示。

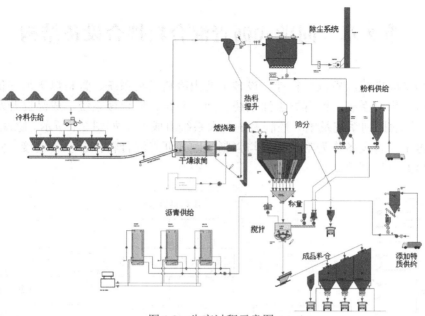

图 1.3　生产过程示意图

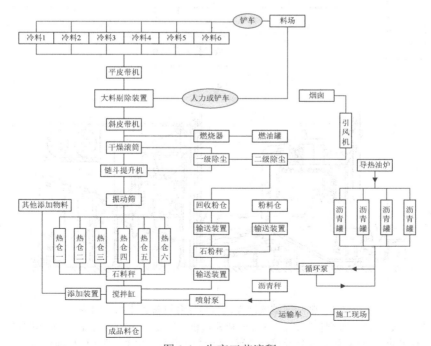

图 1.4　生产工艺流程

第 2 章　间歇式沥青混合料拌合设备结构

　　强制间歇式沥青混合料拌合设备主要由冷料供给系统、骨料烘干加热供给系统、粉料供给系统、沥青导热油系统、除尘系统、拌合楼系统、成品提升及储存系统、气动控制系统及电气控制系统九大系统组成[4-5]，如图 2.1 所示。除此之外，还有再生拌合设备作为附加装置与强制间歇式沥青混合料拌合设备连接，实现旧沥青料的再生利用。

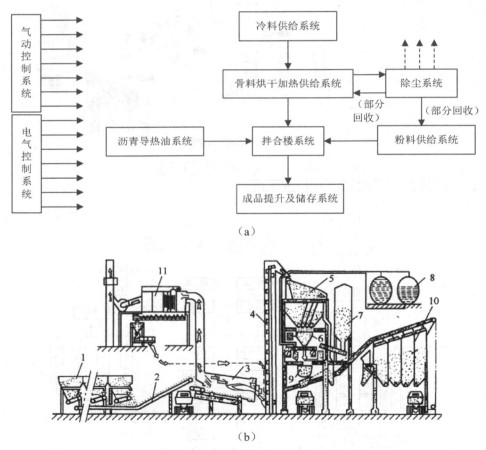

（a）

（b）

图 2.1　强制间歇式沥青混合料拌合设备基本结构组成

1—冷矿料储存级配料装置；2—冷矿料输送机；3—冷矿料烘干滚筒；4—热矿料
提升机；5—热矿料筛分及储存装置；6—热矿料计量装置；7—矿粉储存仓；
8—沥青供给系统；9—搅拌器；10—成品料储存仓；11—除尘装置

2.1　冷料供给系统

　　冷料供给系统是沥青混合料拌合设备生产流程的始端装置，主要功能是根据沥青混合料的级配要求对骨料进行初级配。其主要由多个独立的冷料仓、给料机、集料平皮带运输机、大料剔除装置、上料斜皮带运输机、断料报警装置等组成，如图 2.2 所示。图 2.3 为冷料供给系统现场图。

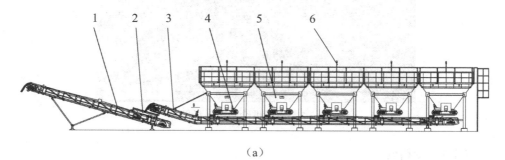

（a）

1—上料斜皮带运输机；2—大料剔除装置；3—集料平皮带运输机；4—给料机；5—冷料仓；6—断料报警装置

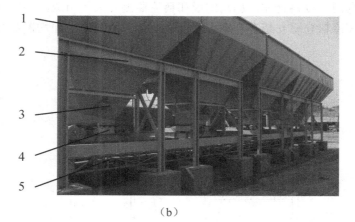

（b）

1—加高围板；2—冷料斗骨架；3—振动器；4—取料皮带；5—集料皮带

图 2.2　冷料供给系统组成图

图 2.3　冷料供给系统现场图

2.1.1　冷料仓

冷料仓的主要功能是对不同规格的砂石冷骨料进行储存（冷料仓的个数根据用户需求而定，一般为 4~6 个），并自流给有一定速度的给料机完成初级配。其主要由冷料仓门、冷料仓体、加高围板和料流监测开关等组成，如图 2.4 所示。除此之外，在冷料仓壁安装有仓壁振动器；在每个冷料仓上面均覆盖有格栅网。

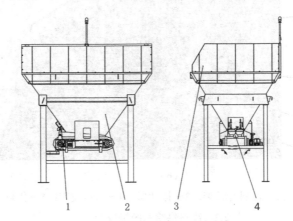

图 2.4　冷料仓结构简图

1—冷料仓门；2—冷料仓体；3—加高围板；4—料流监测开关

冷料仓的外形设计通常采用倒棱锥形结构，出料口方向前宽后窄，减轻出料阻力，达到出料流畅。冷料仓最高点的围板宽度需要大于铲斗宽，其标高需要与上料坡道高度相适应，以满足装载机上料高度的要求。冷料仓下口的宽度应小于给料机（图 2.5）的宽度，并且最好前大后小，以免给料时材料外溢；各个独立冷料仓体采用模块化设计，方便运输、安装和拆卸。安装时与料仓支撑底架连接成一个整体。

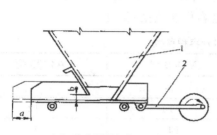

（a）往复滑板式
1—冷料仓；2—曲柄滑块机构

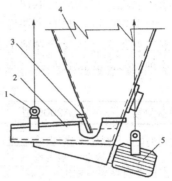

（b）电磁振动式
1—吊环；2—卸料槽；3—料斗闸门；
4—冷料仓；5—电磁振动器

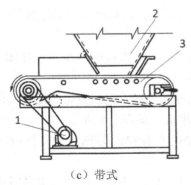

（c）带式
1—电机；2—冷料仓；3—带式输送机

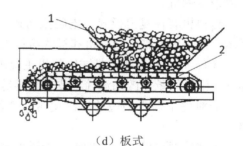

（d）板式
1—冷料仓；2—板式输送机

图 2.5　给料机的几种结构形式

　　冷料仓门的开门机构一般采用手动调节方式。当骨料级配需要调节时，有两种调节方式：一是改变冷料仓门的开度大小，二是调节给料机皮带的带速。通常是先调节给料皮带机的转速，当调节转速不能满足要求时，才调冷料仓门。

　　料流监测开关是料流自动监测装置，主要是对出料状况进行监测。当出料堵塞、少料或者出料不畅时，仓壁振动器（振动电机）就会自动工作，防止斗内的冷料夯实、起拱粘附仓壁，从而解除堵塞；出料料流正常后，仓壁振动器自动停止工作。(仓壁振动器为间歇振动,其振动时间由安装在控制室内的定时器来调节。)

加高围板的作用是防止装载机向冷料仓投料时,冷骨料溅出。

格栅网是在装载机向冷料仓投料时,过滤掉超标冷骨料,同时可以缓解冷骨料对料仓的冲击。

冷料仓电动机的启动取决于沥青混合料拌合设备其他电机(如干燥筒、除尘器等)的工作情况,只有上述电动机启动后,冷料仓才能启动。也就是说,只有其他相关设备做好接受冷骨料准备工作时,冷料仓才能启动。

各种型号沥青混合料拌合设备冷料仓容积参数见表2.1。

表 2.1 冷料仓容积参数

设备型号	A2000 型	A3000 型	A4000 型
项目	冷料仓容积/m³		
标准	≥8	≥10	≥12
设计	10	14	14

2.1.2 给料机

给料机置于冷料仓下方,其主要功能是将冷骨料从冷料仓运出并输送给集料平皮带运输机。

给料机有往复滑板式、电磁振动式、带式、板式等多种结构形式,如图 2.5 所示。常用的为带式给料机和板式给料机。

(1)带式给料机。带式给料机主要由驱动减速电机、给料皮带、托辊、调节螺杆、滑动轴承、改向滚筒和皮带挡辊等部分组成,如图 2.6 所示。

给料皮带为带挡边的波纹皮带,其优点是防止骨料的旁侧溢撒,保持料场整洁。

带式给料机的运行速度可以通过变频器进行调整,具体根据沥青混合料的级配需要而定。当皮带出现跑偏现象时,可通过调节图 2.6(a)中的调节螺杆进行纠正;如当波纹挡边皮带向外侧跑偏时,则应通过外侧的调节螺杆将图 2.6(a)中的滑动轴承向右边移动,直到皮带不再跑偏为止;反之亦然。需要注意的是皮带调整时,皮带张力不应过小,过小则皮带打滑;过大,则会造成滚轮轴承应力过大,磨损严重且耗能量大,皮带容易过早磨损失效。

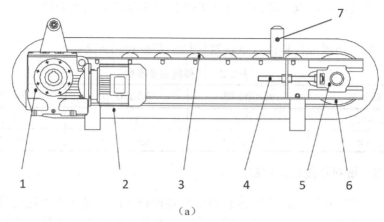

（a）

1—驱动减速电机；2—给料皮带；3—托辊；4—调节螺杆；
5—滑动轴承；6—改向滚筒；7—皮带挡辊

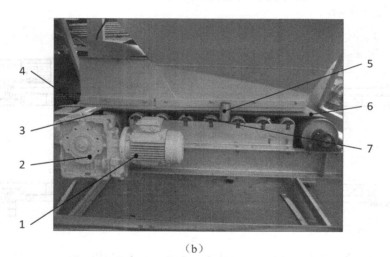

（b）

1—电机；2—减速机；3—主动滚筒；4—出料口；5—皮带挡辊；6—给料皮带；7—托辊组

图 2.6　带式给料机结构图

（2）板式给料机。板式给料机的给料机置于冷料仓下部，通过电机带动主动链轮转动，再作用到链板上，使链板产生一定量线速度将骨料运出。

机架上装有电动机和摆线针轮减速器，减速器和主动轴之间通过链条传动。主动轴的链条上装有拖料板，每节间互相密封，挡住冷料下漏，当料运至终端就自动落入下面的集料输送机皮带上，为防止料落偏，设置了挡料板保证料落入皮带中间部位。其给料量的大小是由中心控制来设置的，通过变频调速器来调整拖料板运行速度，也可以拧动冷料斗上的丝杠，调节放料门的高度，共同实现调节初级配。

各种型号沥青混合料拌合设备给料机主要参数见表 2.2。

表 2.2　给料机主要参数

设备型号	A2000 型	A3000 型	A4000 型
电机功率/kW	5×2.2	5×2.2	6×2.2
皮带宽度/mm	650×3740	650×3740	800×3750

2.1.3　集料平皮带运输机

集料平皮带运输机的作用是将初级配各种粒径的冷骨料集中运送到上料斜皮带运输机。其主要由电动滚筒、改向滚筒、机架、托轮组、压轮、皮带等组成，并且在压轮处扬起一个角度，使四台给料机落下的混合料顺利地升高送到下道工序，如图 2.7 所示。

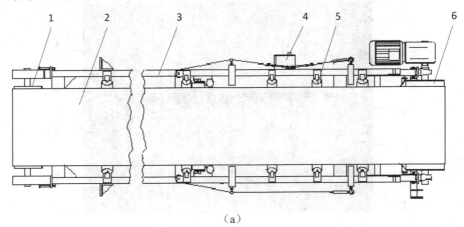

（a）

1—改向滚筒；2—皮带；3—机架；4—压轮；5—托轮；6—电动滚筒

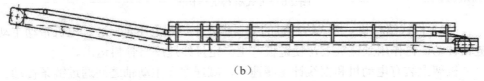

（b）

图 2.7　集料平皮带运输机结构图

集料平皮带运输机安装在给料机的下面，通过挂胶的电动滚筒驱动其上的皮带，使皮带产生一固定线速度来完成输料工作。集料平皮带以恒定速度运转，头部带有刮板式的清扫器，可以刮掉皮带外表面粘附的泥沙，如图 2.8 所示。尾部带有重力式的清扫器，防止骨料等进入改向滚筒，损伤皮带，如图 2.9 所示。

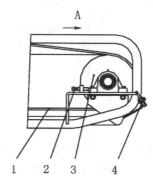

图 2.8　集料平皮带运输机驱动端结构

1—送料皮带；2—调节螺杆；3—驱动滚筒；4—头部清扫器；A—皮带旋转方向

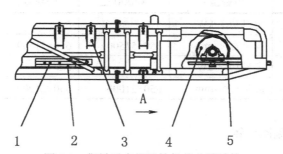

图 2.9　集料平皮带运输机从动端结构

1—尾部清扫器；2—送料皮带；3—槽形托辊；4—改向滚筒；5—调节螺杆

A—皮带旋转方向

集料平皮带安装在冷料仓支架上，因而冷料仓基础要确保水平高度一致；集料皮带的安装不能过紧或过松，以皮带不打滑为准。若皮带出现跑偏，其原因比给料机要复杂，可按下列方法逐一排除：

（1）按给料机中介绍的纠偏方法调整图 2.8 中的调节螺杆，并可按此方法微调图 2.9 中的调节螺杆。

（2）检查皮带机架摆放是否水平，如不平则应垫平。

（3）检查各槽形托辊支架的安装是否与皮带机架垂直，并可根据图 2.10 所示原理在皮带机上几个适当的位置对槽形托辊的安装角度进行调整，选择的槽形托辊数量可视实际情况而定。

各种型号沥青混合料拌合设备集料平皮带运输机及上料斜皮带运输机主要参

数见表 2.3。

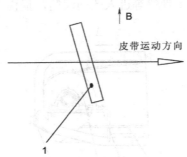

图 2.10　调整槽形托辊纠偏原理图
1—槽形托辊；B—皮带跑偏方向

表 2.3　集料平皮带运输机及上料斜皮带运输机主要参数

项目		设备型号	A2000 型	A3000 型	A4000 型
集料平皮带运输机	电机功率/kW		5.5	5.5	7.5
	皮带宽度/mm		650×51500	650×51500	800×60200
上料斜皮带运输机	电机功率/kW		5.5	5.5	7.5
	皮带宽度/mm		650×21000	650×21000	800×24500

2.1.4　大料剔除装置

大料剔除装置是设在集料平皮带运输机与上料斜皮带输送机中间环节的一个筛分机构。它的作用是剔除超规格的冷骨料，以防止骨料运输过程中，尤其是在热料提升过程中发生故障，并避免不必要的热量损失。

整个机构由振动电机、筛网、机架、隔振弹簧等组成。安装时应使从集料平皮带运输机流出的骨料落在栅格长度方向靠上 2/5 处，以达到有效筛分的目的。

2.1.5　上料斜皮带运输机

上料斜皮带运输机是冷料供给系统最后一个环节，也就是初级配的终端。其作用是将集料平皮带运输机送来的初级配冷骨料，送到干燥滚筒烘干加热。

上料斜皮带运输机的结构原理同集料平皮带运输机基本相同，只是出料端扬起一个角度（约 14°），所以对此将不再赘述，如图 2.11 所示。维护与保养，安全注意事项，也可参照集料平皮带输送机执行。

图 2.11　上料斜皮带运输机

1—从动滚轮；2—接料斗；3—挡料板；4—集料皮带；

5—驱动电机；6—驱动滚筒；7—斜皮带

2.1.6　断料报警装置

断料报警装置的主要功能是当冷料仓内少料或缺料时，发出报警，报警指示灯亮起。断料报警传感器安装在每个取料皮带机的出料口位置，用于实时监测冷料斗中的骨料状态。当料斗中骨料排空或发生堵塞现象时，传感器会触发行程开关，启动声光报警器，由声光报警器发出报警。

2.2　骨料烘干加热供给系统

骨料烘干加热供给系统是沥青混合料拌合设备的主要部件之一，其主要功能是对冷骨料进行烘干与加热，在规定的时间内将冷骨料加热到能够获得高质量沥青混合料所需要的温度，并将其输送至拌合系统的振动筛。其主要由干燥滚筒、驱动装置、燃烧器、进料箱、出料箱、支架、热骨料提升机等组成，如图 2.12 所示。图 2.13 为骨料烘干加热系统三维模型图。

2.2.1　干燥滚筒

干燥滚筒是冷骨料烘干加热的装置。为了使冷湿骨料在较短的时间内，能够保证预热、脱水烘干、加热升温三个阶段有序进行，要求冷骨料在滚筒内应均匀分布，各区段的运动应合理，并在筒内应有足够的运行时间，保证其出料温度达到规定要求，还要考虑火焰必须有充足的燃烧空间。

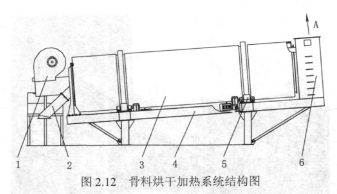

图 2.12　骨料烘干加热系统结构图

1—燃烧器；2—骨料出口斜槽；3—干燥滚筒；4—支架；5—驱动装置；6—进料箱；A—烟气

图 2.13　骨料烘干加热系统三维模型图

（1）工作原理。由电机驱动，利用摆线针轮减速机，通过齿轮或摩擦滚轮传动，使倾斜布置的滚筒旋转，装在滚筒内壁不同区段且形状不同的叶片将骨料刮起提升，并于不同位置跌落前进，从而使骨料与热气流充分热交换，升温后自动运出。

（2）结构特点。干燥滚筒为旋转的、长圆柱型的筒体结构，由耐热锅炉钢板卷制焊接而成。其主要由架梁、筒体、前后烟箱、托轮机构、挡轮机构、进料口、出料口、摆线针轮减速器等组成。其外壁前后装有两个支承大滚圈，大滚圈通过托轮支撑在架梁上，并限制其径向活动，而轴向靠一对挡轮限位。大型设备一般都采用摩擦驱动，4 个托轮均为主动轮，为了增加驱动力，有的机型还在托轮上贴附橡胶。为了防止热量散失，提高热效率，筒体外表面进行保温，出料口处设有热电偶，从控制室可以随时读出热料温度，而且燃烧器与前烟箱的距离可调，它是靠燃烧器机座在轨道上前后滑动来实现的。筒内产生的烟尘由后烟箱通过管道进入除尘装置进行净化和回收。

干燥筒内导料板的结构设计非常重要，它将直接影响到设备的生产能力和热交换是否成功。导料板的设计应保证骨料能在进料区迅速移动，对流区燃气和骨料必须充分接触，燃烧区骨料不应堵挡燃烧器的火焰，以使燃料能够在筒内具有较好的燃烧条件。导料板的结构及排列型式如图 2.14 所示。筒内导料板按排列分为四个区段：进料区段、热交换区段、燃烧区段和出料区段。从第一区段到第四区段是一个逐渐加热升温的过程，没有特别明显的界定。

图 2.14　导料板的结构及排列

第一区段为进料区段。该区段的叶片为接料叶片，俗称滑料板，其功能是将骨料导入滚筒内并快速向前移动。叶片结构为螺旋叶片，如图 2.15 所示，或者叶片结构采用平板并布置成螺旋带形式，升角一般取 45°~60°，叶片的长度和头数（螺旋叶片圆周分布个数）视滚筒直径而定。

图 2.15　螺旋叶片

第二区段为热交换区段。该区段的叶片为料帘叶片，如图 2.16 所示。为强化燃气和骨料之间的换热过程，该区段叶片的结构应力求使骨料在该区段多次被提升和自由撒落，形成均匀的料帘，使热气能充分穿越料帘并与骨料进行热交换。其工作原理如图 2.17 所示。但应当注意的是，靠近后烟箱的一段导料板应比其他导料板形成料帘的程度要差一些，最好是半料帘，避免骨料被引风抽出，加剧烟道磨损，增加除尘系统的负担。

第三区段为燃烧区段。该区段的叶片为含料叶片，如图 2.18 所示。为使燃料能充分燃烧，该区段装的叶片应使骨料在向前移动的过程中被提起并紧贴在筒体内壁而不会落下挡住火焰，同时又能够达到在滚筒内部加热骨料的目的，其工作原理如图 2.19 所示。该区段叶片还可以减少由于燃油滴被骨料粘落而造成燃料不完全燃烧的损失、减少通过滚筒壁散热的损失和热辐射对滚筒壁造成的损害。

图 2.16　料帘叶片

图 2.17　料帘叶片工作原理

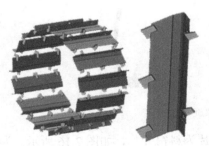

图 2.18　含料叶片　　　　　　　　　图 2.19　含料叶片工作原理

第四区段为出料区段。该区段的叶片为卸料叶片，如图 2.20 所示。它将骨料迅速提起，送入出料箱骨料出口斜槽并卸出，其工作原理如图 2.21 所示。

图 2.20　卸料叶片　　　　　　　　　图 2.21　卸料叶片工作原理

　　干燥滚筒筒体的支架与水平面之间有一个倾斜角度，目的在于使干燥滚筒工作时处于一个倾斜位置，以便骨料在干燥滚筒内反复提升的过程中不断向前移动，流向出料端。为了提高干燥滚筒的热交换效率，避免热量损失，采用图 2.22 所示的形式对干燥滚筒与进、出料箱的结合部进行密封，以尽可能地限制空气从这两处进入干燥滚筒。A 密封装置位于骨料出口的前端，为迷宫式密封，可以通过调整出料箱在支架上的位置来调整其间隙，以减少漏气。B 密封装置位于骨料入口的前端，为接触式密封，通过在滚筒上安装耐热、耐磨的密封橡胶板，与进料箱的密封环相接触而进行密封。密封橡胶的安装位置可作径向调整，在局部磨损后可以进行补偿。当滚筒处于工作状态时，不允许对两端的密封装置进行调整，以免发生危险。

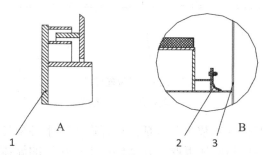

图 2.22　烘干滚筒密封结构

A—骨料出口侧；B—骨料入口侧

1—出料箱；2—密封橡胶；3—进料箱

　　干燥滚筒的旋转运动一般采用齿圈驱动或者摩擦驱动。大型设备一般采用摩擦驱动的方式，4 个驱动轮均为主动轮，如图 2.23 所示。当驱动轮处于工作状态时，不允许用手触摸驱动轮和滚圈，以免发生危险。

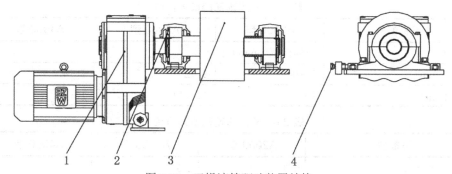

图 2.23　干燥滚筒驱动装置结构

1—减速电机；2—驱动轮支架；3—驱动轮；4—调节螺栓

干燥滚筒的纵向固定通过靠近支架进料箱侧的滚圈两边的限位轮来实现，如图 2.24 所示。限位轮可将干燥滚筒纵向固定在应有的位置上工作。当限位轮处于工作状态时，不允许用手触摸限位轮和滚圈，以免发生危险。

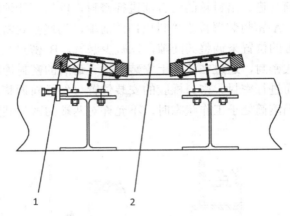

图 2.24　限位轮结构
1—限位轮；2—滚圈

干燥滚筒的主要技术参数主要包括：在标准工况下各型号干燥滚筒的干燥能力（表 2.4）；干燥滚筒的筒体板厚（表 2.5）；干燥滚筒的筒体直径（表 2.6）；滚圈直径和宽度（表 2.7）；干燥滚筒驱动电机的功率（表 2.8）。

表 2.4　在标准工况下各型号干燥滚筒的干燥能力

设备型号	A2000 型	A3000 型	A4000 型
标准：干燥能力/（t/h）	≥160	≥240	≥320
设计：干燥能力/（t/h）	180	260	320

表 2.5　干燥滚筒的筒体板厚

设备型号	A2000 型	A3000 型	A4000 型
项目	筒体板厚（mm）		
标准/mm	≥10	≥12	≥14
设计/mm	10	12（14）	12

表 2.6　干燥滚筒的筒体直径

设备型号	A2000 型	A3000 型	A4000 型
筒体直径/m	1.9	2.5	2.75
筒体长度/m	9.6	9.6	11

表 2.7　滚圈直径和宽度

设备型号	A2000 型	A3000 型	A4000 型
滚圈直径（外径×内径）/mm	$\phi2209\times\phi2000$	$\phi2900\times\phi2700$	$\phi3110\times\phi2860$
滚圈宽度/mm	195	195	240

表 2.8　干燥滚筒驱动电机的功率

设备型号	A2000 型	A3000 型	A4000 型
电机功率/kW	4×15	4×22（18.5）	4×22（37）
拖轮轴承　型号	6320	6320	22226
导轮轴承　型号	22320	22320	7224
轴承座　型号	SN320	SN320	SNZ226

2.2.2　燃烧装置

燃烧装置的功能是为冷骨料烘干加热提供热源。其主要由燃烧器、燃油供给系统、空气供给系统、管路排气及过滤器、电气控制系统等组成。

燃烧器为购置件，其喷枪工作原理如图 2.25 所示，其品牌有日本的奥林匹亚、德国的边宁荷夫、美国的霍克还有国产的燃氏燃烧器等。每一种品牌又分为轻油和重油燃烧器两种。具体选择哪一种配置，由用户需求而定。

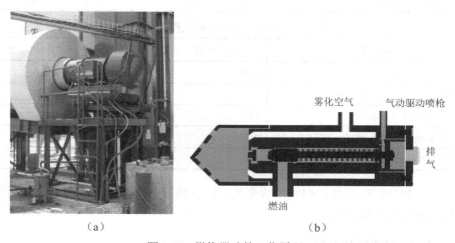

（a）　　　　　　　　　　　　　（b）

图 2.25　燃烧器喷枪工作原理

（1）燃烧器的分类。

1）按燃料：主要有燃油型、燃煤型、燃汽型、燃油汽两用型、燃煤油两用型。

2）按雾化方式：主要有机械雾化和空气雾化。

3）按风油比的控制方式：主要有风油比例连续调节[图 2.26（a）]、风油比例分档调节[图 2.26（b）]等。

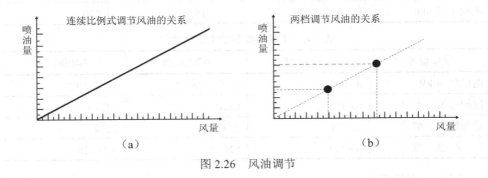

图 2.26　风油调节

（2）燃烧装置的主要技术参数。

燃烧装置的主要技术参数包括：空气压缩机的能力（表 2.9）；在标准工况下的主要技术参数（表 2.10）。

表 2.9　空气压缩机的能力

设备型号	A2000 型	A3000 型	A4000 型
空压机/（m³/min）	4	5	6

表 2.10　在标准工况下的主要技术参数

设备型号	A2000 型	A3000 型	A4000 型
燃烧能力/（l/h）	1600	1800	2400
燃油消耗/（kg/t 混合料）	≤6.5	≤6.5	≤6.5
鼓风电机功率/kW	15	22	30
燃油泵电机功率/kW	2.2	2.2	3
空压机/（m³/min）	4	5	6

关于燃油供给系统、空气供给系统、管路排气及过滤器将放在电气控制部分讲解。在这里不再赘述。

2.2.3　热骨料提升机

热骨料提升机多采用链斗式提升机，主要功能是把从干燥滚筒卸出的热骨料提升到一定高度，送入筛分系统。其主要分为上、中、下三个区段：上部区段由上部机壳、上罩和主动链轮、驱动装置组成；中部区段主要是起支承、防护和密封作用的中部机壳，为标准节式结构；下部区段由下部机壳、从动链轮和张紧装置组成，链轮为组装式结构。提升链条上等距安装导槽料斗，贯穿于热骨料提升机上、中、下三区段，如图 2.27 所示。图 2.28 为热骨料提升机实物图。

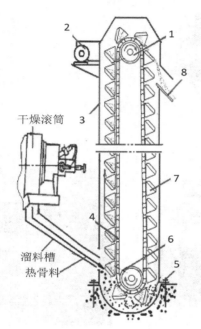

图 2.27　热骨料提升机组成图

1—主动链轮；2—驱动装置；3—外壳；4—链条；5—地脚螺栓；

6—从动链轮；7—导槽料斗；8—出料口

上下提升轮均为光轮，采用摩擦驱动，如有过载，链轮与链条间产生相对滑动，保护电机和其他部件。

提升链条的链板采用 40Cr 材料制成，如图 2.29 所示。导槽料斗的连接处增焊了加强板，防止链斗变形与壳体相碰，导致阻力过大拉断链条。

提升机运转中途停止时，为防止倒转，解决的方式有两种：第一种是制动电机（断电制动），适用于直联结构；第二种是逆止装置（结构类似于自行车驱动轮结构），适用于皮带轮三角带传动结构。

大型拌合设备上多采用导槽料斗、重力卸料方式。主动链轮转动，装在链条上的料斗在提升机底部盛满热骨料后被送至提升机顶部，转过主动链轮后，热骨料靠自身重力通过溜料槽落入振动筛内。重力卸料方式的链条运动速度低，可减少磨损及噪声。

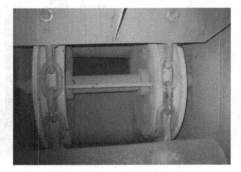

图 2.28 热骨料提升机实物图   图 2.29 提升链条

各型号设备选用的热骨料提升机型号及相关参数见表 2.11。

表 2.11 各型号设备选用的热骨料提升机型号及相关参数

设备型号	A2000 型	A3000 型	A4000 型
热骨料提升机	TH450	TH500	NE300（TH630）
驱动功率/kW	15	30（22）	45（37）
行业标准要求/（t/h）	≥160	≥240	≥320
额定提升能力/（t/h）	≥160	≥240	≥320
实际提升能力/（t/h）	180	260	340

2.3 粉料供给系统

粉料供给系统是沥青混合料拌合设备的主要组成部分之一，其主要功能是为沥青混合料的制备提供适量的石粉。其由石粉储仓、过渡粉斗、粉料提升机和螺旋输送机组成，如图 2.30 和图 2.31 所示，可完成矿粉和回收粉的提升、储存及输送等功能。

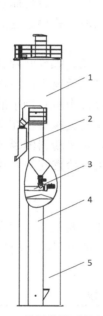

图 2.30　粉料供给系统组成图　　　　图 2.31　粉料供给系统三维图
1—上石粉储仓；2—过渡粉斗；3—螺旋输送机；
4—粉料提升机；5—下粉尘储仓

粉料供给系统的主体为长圆柱型的筒体结构，如图 2.31 所示。石粉（利用散装水泥车）通过气力输送，送入上石粉储仓，再由螺旋输送机送至搅拌楼上称量搅拌；回收粉尘由螺旋输送机送入斗式提升机，再由斗式提升机送入过渡粉斗，过渡粉斗出口有两条通道，若回收粉尘不能再利用，则走第一通道直接回下粉尘储仓；若回收粉尘能再利用，则走第二通道由螺旋输送机送至搅拌楼上称量搅拌。

2.3.1　石粉储仓

石粉储仓有两个，一个用于石粉储存，另一个用于回收除尘器过滤粉尘。石粉储仓一般采用筒式结构。仓的顶部有护拦、粉料入口、人孔、换气装置。内部靠仓壁还设有人梯，便于维修。仓的下部为倒圆锥形，出料口处设有调节闸门。为防止石粉起拱，在仓的底部，还设置了振动器破拱和压缩空气破拱装置。为了随时了解仓内的料位情况，配置了连续式的料位检测计，外壁设有爬梯。

2.3.2 螺旋输送机

来自两个石粉储仓的石粉按照一定的比例由螺旋输送机送至搅拌楼上称量搅拌。螺旋输送机水平安装在石粉储仓与粉料秤之间，进料口与石粉储仓出料口连接，出料口则正对着粉料秤上口。其功能是把石粉仓储内的粉料运送到粉料秤进行称量。

螺旋输送机主要由摆线针轮减速器、机体、链子对轮、螺旋叶片轴体及进料口、出料口等几部分组成。机体采用管状结构，两端是轴承座用法兰连接，其中进料端使用的是圆锥滚子轴承，目的是为了平衡运输过程中料对轴承的后推力作用。螺旋叶片轴体安装在机体的内部，靠两端轴承与座的支撑可以在里面旋转。轴端采用唇形密封圈与盘根的双层密封保护，有效地阻止了粉料的溢出，提高了轴承的使用寿命，摆线针轮减速器安装在进料端，采用对轮直连的方式传动。

2.3.3 粉料提升机

粉料提升机的功能是将粉料提升到石粉储仓内待用。其基本原理和结构与热骨料提升机大致相同，只是把扇形吐料口改成了直口，取消了防倒转机构。

粉料供给系统主要技术参数见表 2.12。

表 2.12 粉料供给系统主要技术参数

项目 设备类型	A2000 型	A3000 型	A4000 型
石粉仓容积/m³	40	60	80
粉尘仓容积/m³	40	60	60
提升机功率/kW	7.5	7.5	11
提升机斗宽/mm	250	250	315

2.4 沥青导热油系统

沥青导热油系统的功能是储存、保温熔化后的液态沥青，为搅拌提供有一定温度的适量液态沥青，并承担拌缸、成品储仓的加热任务。其主要由沥青供给系统和导热油加热系统组成,包括保温罐、导热油炉、沥青泵、计量装置、喷射装置、以及连接管路和阀门等,如图 2.32 所示。它们之间依靠管道有机地连接到一起,并协调一致工作。

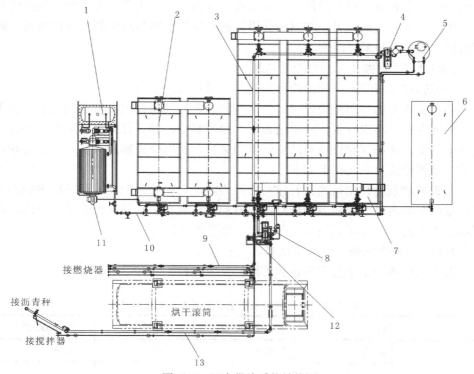

图 2.32 沥青供给系统结构图

1—导热油炉;2—重油罐;3—沥青循环管;4—沥青加注泵;5—沥青接卸罐;6—燃油罐;7—沥青罐;8—沥青循环泵;9—重油管路;10—导热油管路;11—导热油炉燃烧器;12—重油泵;13—沥青主管路

2.4.1 沥青供给系统

2.4.1.1 沥青罐

沥青罐是储存沥青,并能够使沥青加热升温的装置,沥青罐型号有 30t、40t、50t 不等。

(1)工作原理。以导热油为载热介质,由热油炉对其加热储能。导热油通过热油泵强制循环,经沥青储罐内的换热排管,把热能传给沥青,以达到对沥青加热升温的目的。

（2）结构特点。罐体还是采用常规的卧式安装结构，为了防止热量散失，外表设有 50mm 保温层，其内部设有一定数量的换热排管，并在封头处预先留好导热油进出口。沥青出口与罐底有一定的距离，这是为了避免沉淀污物被抽出，而排污口则与之相反，设在最低处。顶部设有沥青进口和人孔，为了便于检修还安装了平台与上下爬梯。另一端封头处设置的油位指示器与热电偶，可以随时了解罐内沥青的多少与瞬时温度。

2.4.1.2 沥青输送泵、沥青喷洒泵

沥青输送泵与喷洒泵的结构原理相同，只是用途不同。

沥青输送泵的作用是经过管道把沥青储罐内的沥青抽出，输送到位于一层主架上的沥青称量罐内称量。称量结束后，由控制室控制其管路上的三通阀并打到循环的档上，使沥青在管路与沥青储罐间循环，所以沥青输送泵是连续不间断运转的。沥青输送泵安装在主架下方。

沥青喷洒泵的作用是通过管路与拌缸内的沥青喷管，把沥青称量罐内的沥青在规定的时间内迅速地喷洒到拌缸内与石料粉料混合。它与沥青输送泵不同，是间歇式工作的。沥青喷洒泵安装在一层主架靠近拌缸处。

2.4.1.3 沥青供给系统主要技术参数和常用件

沥青供给系统主要技术参数和常用件见表 2.13。

表 2.13　沥青供给系统主要技术参数和常用件

项目		A2000 型	A3000 型	A4000 型
沥青循环泵	型式	三螺杆	三螺杆	三螺杆
	功率/kW	5.5	5.5	11
	流量/（m³/h）	23	23	50
	口径/mm	80	80	80
沥青接卸泵	型式	三螺杆	三螺杆	三螺杆
	功率/kW	7.5	7.5	11
	流量/（m³/h）	27	27	36
	口径	80	80	80
保温三通阀	口径	80	80	80
沥青罐	容积/m³	50	50	50
接卸槽	容积/m³	5	5	5

2.4.2 导热油加热系统

导热油加热系统组成如图 2.33 所示，由导热油炉系统、导热油加热排管、管路及阀门等组成。

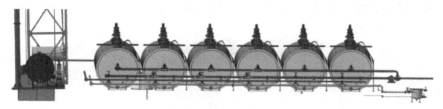

图 2.33 导热油加热系统

导热油炉是沥青混凝土拌合设备的必备装置，它利用性能先进的柴油燃烧器对导热油加热，通过热油循环泵，使受热的导热油强制循环，将热量通过载体导热油送至需加热部位，使受体获得稳定的高温热源。

2.5 除尘系统

除尘系统的主要功能是将干燥滚筒里产生的燃烧废气及其他各个装置内产生的粉尘收集处理，减少粉尘排放浓度，排放出符合环保要求的气体，保护大气环境。其主要由两级除尘器、引风机、管道、烟囱及供气和控制装置组成，如图 2.34 所示。第一级除尘器分离收集较大颗粒的粉尘，有旋风除尘和重力除尘两种方式；第二级除尘器过滤细微粉尘，有袋式除尘和湿式除尘两种方式，相对来讲，袋式除尘优于湿式除尘的性能，排尘量分别是 175mg/Nm^3 和 50mg/Nm^3。

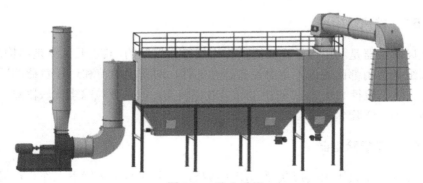

图 2.34 除尘系统

除尘系统在负压环境下运行，通过调整引风机风门开度大小控制风压和风量。

从干燥筒出来的带尘气体在低压的情况下进入布袋,除尘系统与干燥滚筒的连接如图 2.35 所示。重力式除尘器收集的较大颗粒粉尘通过重力式卸灰阀排放,由螺旋输送机送至热骨料提升机。布袋式除尘器收集的细微粉尘通过螺旋送料机送到回收粉提升机。提升、筛分、计量和搅拌等环节产生的粉尘通过排气管道汇入一级烟道。经布袋除尘器净化的空气从烟囱排到大气。

图 2.35　除尘系统连接

2.5.1　重力除尘器

如果入口粉尘浓度高,则出口浓度也高。随着除尘效率的提高,出口粉尘浓度会降低,但效率有其局限性。超过一定值,则很难再提高。为了使出口粉尘浓度降低,应尽量降低入口粉尘浓度。

实际生产量不应超过设计的生产能力,这样可以保证粉尘排出浓度,同时也可延长各排气管道及螺旋送料机的寿命。

2.5.2　旋风除尘器

旋风除尘器是利用惯性离心力的作用来净化气体的。其主要优点是结构简单、运行和维护费用都比较低,本身没有运动部件,对粉尘负荷和运行负荷的适应性都较好。对于粒径大于 5μm 的粉尘除尘效率较高,但对微粒除尘比较困难,因此它只能作为一级除尘。

2.5.3　布袋除尘器

布袋除尘器采用大气反吹原理清理布袋,需要在负压环境下工作。在风机的抽吸作用下,含尘烟气进入袋式除尘器箱体内,经布袋过滤后,灰尘粘附在布袋上,经滤袋过滤的净气由引风机送入烟囱排入大气。

随着除尘工作的进行，积附在滤袋表面的粉尘逐渐增加，使除尘器内的阻力增大，当除尘箱内的负压增加到一定程度，反吹系统开始工作，清灰是周期性进行的。周期性向布袋除尘器内部吹入空气以清除布袋上附着的粉尘。在清灰阶段，除尘器会因为负压的存在迫使空气从布袋的入口进到出口，因而将布袋鼓起，使得沉积在外表面的灰尘落入集料斗中，位于集料斗底座的螺旋输送机则将灰尘排放到外面。布袋除尘器划分为多个布袋隔仓，隔仓之间完全密封，一次清洁一个隔仓，除尘和清洁同时进行。

2.5.4 湿式除尘器

湿式除尘器是借助水与含尘烟气接触，利用液滴可以捕捉烟尘的特性净化烟气。湿式除尘是比较简单的二级除尘方式，它可以捕捉 0.5μm 以上的灰尘，除尘效率可达 95% 以上，具有制造简单、维护方便的特点。

2.5.5 主要技术参数

除尘系统的主要技术参数主要包括过滤面积、引风机功率和风量控制方式，见表 2.14。

表 2.14　除尘系统的主要技术参数

设备型号	A2000 型	A3000 型	A4000 型
过滤面积/m²	576	896	1200
引风机功率/kW	110	132	200
风量控制方式	风门控制	风门控制	转速控制

2.6　拌合楼系统

拌合楼系统是整套设备的重要部分，主要功能是筛分、储存、计量、拌合。将骨料烘干加热供给系统送来的热骨料进行筛分、储存、计量，将沥青供给系统送来的具有一定温度的液态沥青和粉料供给系统送来的石粉料进行计量，然后将按生产配比计量完毕后依设定顺序分别投入的骨料、粉料及沥青混合搅拌均匀并排出。其自上而下楼式放置，主要由振动筛分装置、热骨料贮料仓、计量装置和搅拌器组成。

2.6.1 振动筛分装置

振动筛分装置的功能是将热骨料提升机输送来的不同规格的热骨料进行分级，并送到热骨料储仓，以便在搅拌之前进行精确的计量与级配。其主要由振动器、筛箱、筛体（筛网）、减振支撑装置、电机传动装置、防尘罩、分配阀等组成，如图 2.36 所示。图 2.37 为振动筛分装置三维模型。

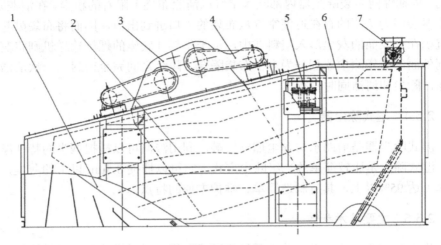

图 2.36　振动筛分装置整体结构图

1—筛箱；2—筛体（筛网）；3—振动器；4—电机传动装置；

5—减振支撑装置；6—防尘罩；7—分配阀

图 2.37　振动筛分装置三维模型

振动筛分装置按其结构和作用原理可分为单轴振动筛、双轴振动筛和共振筛几种形式。按振动机构的布置形式，又可分为上振式和下振式。上振式是一种新型结构，把振源置于筛体上部，克服了原有振动筛的缺点，逐步替代下振式筛分机。

（1）振动筛分装置的筛分原理。

1）筛上料：筛余料，就是从某层筛网上滑下后进入热筛分仓的料。

2）筛下料：通过料，就是从某层筛网的孔中落下去的料。

3）筛分原理：通过确定筛余料和通过料的粒径，多层孔径配合后，即可选出期望的粒径。如 3 号筛网的筛下料（是 1 号、2 号和 3 号料），2 号筛网的筛上料，即是 3 号料，如图 2.38 所示。

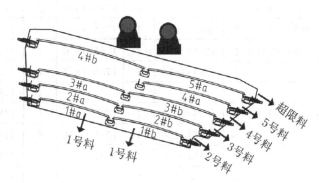

图 2.38　振动筛分原理图

（2）主要技术参数。振动筛分装置的技术参数主要包括：标准工况下的主要技术参数（表 2.15）、振动筛传动皮带的型号（表 2.16）、振动筛筛网尺寸（表 2.17）、振动筛主要易损件型号（表 2.18）。

表 2.15　标准工况下的主要技术参数

设备型号	A2000 型	A3000 型	A4000 型
筛分面积/m²	25	28	53
筛体倾斜角度/°	13	13	13
电机功率/kW	2×11	2×15	2×18.5
筛分组份/组	5	5	6
筛分能力/（t/h）	180	260	320
标准要求筛分能力/（t/h）	≥160	≥240	≥320

表 2.16　各型号振动筛传动皮带的型号

设备型号	A2000 型	A3000 型	A4000 型
传动皮带规格	C2032	C2032	C2184

表 2.17　各型号振动筛筛网尺寸

设备型号			A2000 型四组		A2000 型五组		A3000 型五组		A4000 型六组	
	层数	网号	尺寸/mm	数量	尺寸/mm	数量	尺寸/mm	数量	尺寸/mm	数量
筛网规格	1	1a	1685×1680	1	1685×1480	1	1785×1480	1	1180×2030	2
		1b	1685×1680	1	1685×1480	1	1785×1480	1	1180×2030	2
	2	2a	1685×1830	1	1685×1680	1	1785×1680	1	1180×2230	2
		2b	1685×1830	1	1685×1680	1	1785×1680	1	1180×2230	2
	3	3a	1685×1830	1	1685×1830	1	1785×1830	1	1180×1580	2
		3b	1685×2230	1	1685×1830	1	1785×1830	1	1180×1580	2
		3c	—	—	—	—	—	—	1180×1580	2
	4	4a	1685×2030	1	1685×1830	1	1785×1830	1	1180×1830	2
		4b			1685×2230	1	1785×2230	1	1180×1580	2
	5	5a			1685×2030	1	1785×2030	1	1180×2030	2
		5b	—	—	—	—	—	—	1180×1580	2
	6	6a	—	—	—	—	—	—	1180×2230	2
		6b	—	—	—	—	—	—	—	—

表 2.18　各型号振动筛主要易损件型号

设备型号	A2000 型	A3000 型	A4000 型
轴承型号	22322	22322	22326
骨架油封	FB-120×150×12	FB-120×150×12	FB-140×170×15
电机	Y160L-4/11kW	Y160L-4/15kW	Y180M-4/18.5kW
O 形密封圈	GB 3452-1 - 272 × 5.3 G	GB 3452-1 - 272 × 5.3 G	GB 3452-1 - 315×5.3G

2.6.2　热骨料贮料仓

热骨料贮料仓是个骨料暂存装置。其主要由仓体及隔板、仓门及开门气缸、料位仪、溢料（超限料）溜道及溢料（超限料）仓、取样门及负压管、检修门等组成，如图 2.39 所示。热骨料贮料仓按骨料规格种类设置贮料斗，一般为 4～6 个，贮料斗之间用钢板隔开，隔板上还焊有横向钢条以便形成耐磨层，保护主体仓板。贮料斗选用常规的倒棱锥式设计，各贮料斗的容比应该按照骨料配比优化选取，还要考虑到拌细粒式时的产量问题，总体的有效容积至少满足拌合 5～8 锅料量。

各贮料斗底部均设有能迅速启闭的斗门，靠气缸和电磁阀来控制。每个贮料斗顶部均设有骨料溢流装置，并装有高低料位传感器，以避免间断生产。为了防止灰尘逸散，仓体底部防尘罩与除尘管道相通，以便收集灰尘。

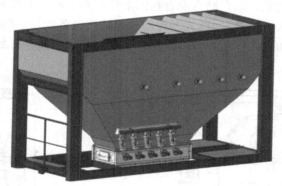

图 2.39　热骨料贮料仓

热骨料贮料仓的主要技术参数见表 2.19。

表 2.19　热骨料贮料仓的主要技术参数

设备型号	A2000 型	A3000 型	A4000 型
热骨料贮料仓数量/个	5	5	6
热骨料贮料仓总容量/m³	24	36	60
组合节数/节	1 节	2 节（上、下）	3 节（上、中、下）
卸料门气缸（缸行×行程）/mm	100×160	100×50+100×100 100×160	100×50+100×100 100×160

热骨料贮料仓控制冲量的方式有两种：一是仓门口径可调整，如图 2.40（a）所示；二是仓门分步关门，如图 2.40（b）所示。

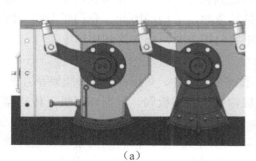

（a）　　　　　　　　　　　　　　　　（b）

图 2.40　热骨料贮料仓冲量控制方式

2.6.3　计量装置

计量装置的功能是根据沥青混合料的配比，对骨料、粉料和沥青进行计量并从卸料门或阀卸入搅拌器。间歇式沥青混合料拌合设备的计量装置包括三个部分：骨料秤、粉料秤和沥青秤。卸料门或阀是由气缸驱动实现开启与关闭，如图 2.41 所示。

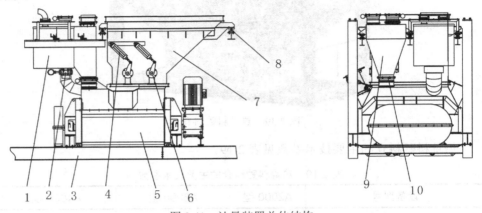

图 2.41　计量装置总体结构

1—沥青秤；2—沥青秤气动蝶阀；3—机架；4—骨料秤驱动气缸；5—搅拌器；6—骨料秤门装置；7—骨料秤；8—称量传感器模块；9—粉料秤；10—粉料秤气动蝶阀

2.6.3.1　计量术语

骨料秤、粉料秤和沥青秤的基本原理相同，都是采用重量计量方式，通过称料斗上传感器应变输出信号来称量重量。

采用累计计量即叠加运算的计量方法，在每批的循环过程中，石料秤一次分步计量多种石料。

冲量、落差或飞料：在计量秤值显示达到设定值时，已发出关门指令，但此时正在空中滞留的那部分料；或者是计量结束时，关门的瞬间，仓门斩断料流时飞溅的料。这部分料在计量结束，已发出关门指令时，尚未落到秤体上。

2.6.3.2　计量秤结构

骨料秤由称量斗、秤门及开门气缸、传感器及附件、负压管、砝码托架等组成。

粉料秤由称量斗、蝶阀及气缸、螺旋输料机、插板阀、星型卸料机、传感器等组成。

沥青秤由称量斗、沥青循环泵、保温三通阀及气缸、沥青喷射泵或保温蝶阀浮球开关、传感器、沥青温度检测装置、管路阀门等组成。采用自流式或喷射泵两种投送方式向搅拌缸投料。自流式结构，有保温蝶阀和自流管路；喷射式结构，有喷枪、喷射泵等。喷洒式沥青秤和自流式沥青秤的布置方式如图 2.42 所示。

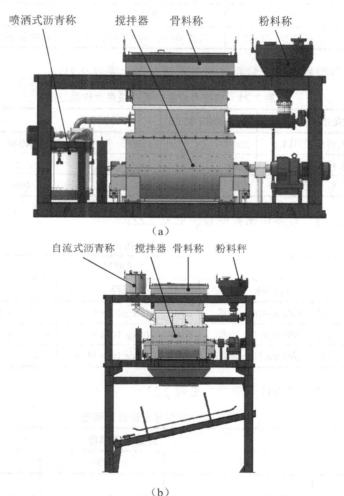

（a）

（b）

图 2.42　计量称的布置

为便于防止粉尘逸散，骨料秤与粉料秤一般都采用内置式，安装在搅拌器上一个密闭的防尘罩内。石料秤的上口正对着热骨料贮料仓的出口，粉料秤的上口正对着螺旋输送器的出口。沥青秤是外置的，安装固定在搅拌器侧面的一层主架上，其最小称量范围必须大于拌合一缸混合料所需沥青的最大用量。

2.6.3.3　主要技术参数

（1）标准中各计量系统最大称量范围的要求见表 2.20。

表 2.20　标准中各计量系统最大称量范围

项目	计量装置		
	骨料	粉料	沥青
标准要求	≥搅拌器额定搅拌量	≥搅拌器额定搅拌量的 15%	≥搅拌器额定搅拌量的 10%

（2）各型号设备计量系统最大称量范围，见表 2.21。

表 2.21　各型号设备计量系统最大称量范围

设备型号	A2000 型	A3000 型	A4000 型
骨料秤最大称量范围/kg	2000	3000	4000
粉料秤最大称量范围/kg	220	330	480
沥青秤最大称量范围/kg	200	300	400

（3）各型号设备传感器型号，见表 2.22。

表 2.22　各型号设备传感器型号

项目	传感器型号		
	骨料秤	粉料秤	沥青秤
A2000	616F　1000kg/10m 电缆	616F　300kg/10m 电缆	616F　300kg/10m 电缆
A3000	619F　2000kg/10m 电缆	616F　300kg/10m 电缆	616F　300kg/10m 电缆
A4000	619F　2000kg/10m 电缆	616F　300kg/10m 电缆	616F　300kg/10m 电缆

（4）各型号设备计量精度，见表 2.23。

表 2.23　各型号设备计量精度

项目	计量装置精度/kg		
	骨料	粉料	沥青
A2000	1	1	0.1
A3000	1	1	0.1
A4000	1	1	0.1
标准要求	1	0.1	0.1

2.6.4　搅拌器

2.6.4.1　主要结构

搅拌器是强制间歇式沥青混合料拌合设备的核心装置，其功能是把按一定配比称好的骨料、粉料和沥青均匀地搅拌成所需的成品料。其由壳体、进料箱、搅拌臂轴、搅拌臂（桨臂）、搅拌头（桨叶）、搅拌器门、衬板和驱动装置等组成，如图 2.43 所示。图 2.44 为搅拌器三维模型图。搅拌器采用双卧轴双电机驱动方式，一对齿轮强制同步，使搅拌轴同步反向旋转。轴上装有多根搅拌臂，臂端用螺栓连接耐磨叶片，规则排列的拌臂桨叶促使料成螺旋轨迹运动，在两轴间循环进行，混合料又在圆周方向翻动并向前推进，形成沸腾层，使石料与沥青充分拌合均匀，搅拌好的沥青混合料从底部的卸料门排出。搅拌器的拌合能力标定了整机的生产能力。

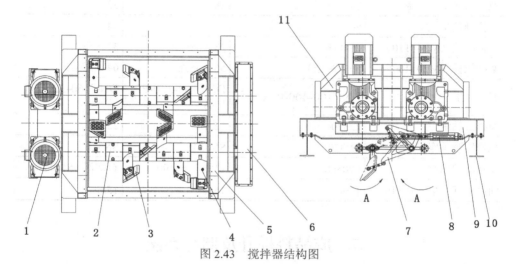

图 2.43　搅拌器结构图

1—减速电机；2—搅拌臂轴；3—搅拌头；4—搅拌臂；5—搅拌器下箱；6—同步齿轮
装置；7—搅门上驱动气缸；9—搅拌器架；10—安装座；11—搅拌器上箱

图 2.44　搅拌器三维模型图

2.6.4.2　主要技术参数

搅拌器常用件和主要技术参数，见表 2.24。

表 2.24　搅拌器常用件和主要技术参数

设备型号	A2000 型	A3000 型	A4000 型
额定搅拌能力/kg	2000	3000	4500
驱动功率/kW	2×37	2×37	2×55
搅拌臂数量/件	28	28	32
搅拌头（桨叶）数量	28	28	32
定位键数量/件	56	56	64
桨臂螺栓（M24×110）	28（高强）	28（高强）	32（高强）
桨叶螺栓（M20×100）	56（高强）	56（高强）	64（高强）
开门气缸	DNC100-400-PPV-A	DNC160-320-PPV-A	DNC160-320-PPV-A
搅拌缸轴承	22320	22324	22324
搅拌缸轴承座	SN320	SN324	SN324
搅拌缸门轴承	F90508	自润滑 65100	自润滑 65100
油浸石棉盘根（10×10）	15m	15m	15m

2.7　成品料提升及储存系统

成品料提升及储存系统的功能是提高拌合设备的生产效率，缓解运输车辆周转紧张的问题，并且减少频繁开机与停机。其由提升装置和成品储仓两部分组成，如图 2.45 所示。

2.7.1　提升装置

提升装置的功能是将成品料运送至成品料仓进行储存。

2.7.2　成品料仓

2.7.2.1 成品料仓的分类及构成

成品料仓分为下置式[图 2.46（a）]和旁置式[图 2.46（b）]。下置式又分为翻板式和横移小车式：翻板式下置成品料仓由成品仓、翻板等组成；横移小车式下置成品料仓由成品仓、轨道、小车、驱动装置、感应装置和托链等组成，

如图 2.47 所示。旁置式成品料仓由成品仓、提升轨道、卷扬机、小车等组成，
如图 2.48 所示。

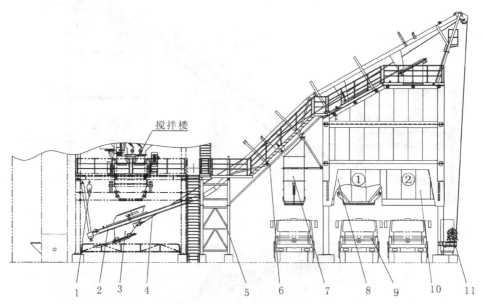

图 2.45　成品料系统总体结构
1—环链电动葫芦；2—活动轨道；3—运料小车；4—钢丝绳；5—轨道支架；6—提升轨道；
7—废品仓；8—1 号成品仓；9—运料自卸车；10—2 号成品仓；11—卷扬机

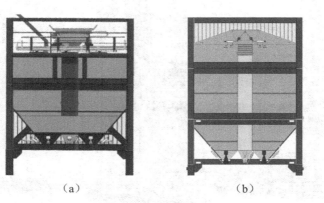

（a）　　　　　　　　　　（b）

图 2.46　成品料仓

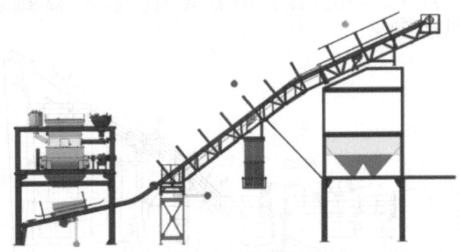

图 2.47 横移小车式下置成品料仓结构

图 2.48 旁置式成品料仓结构

2.7.2.2 主要技术参数

各型号成品料仓主要技术参数见表 2.25。

表 2.25　成品料仓主要技术参数

项目			A2000 型	A3000 型	A4000 型
成品料仓	下置式	容积/m³	27	50	50
	旁置式	容积/m³	—	60	60
		卷扬机功率/kW	—	55	75

2.8　气动控制系统

气动控制系统主要用于控制各称量斗门、卸料门、阀门等装置的动作。气路控制系统的运行状态，将直接影响拌合设备的产量精度和性能。

气路控制系统主要由气源、控制元件、执行元件和辅助元件四部分组成，主要包括空气压缩机、冷干机、过滤器、贮气罐、过滤器、油雾器、调压阀、气压开关球阀、压力表、电磁阀、消音器、气路管道、接头、节流阀、气缸和气缸附件、空气压缩机及其他气路附件，如图 2.49 所示。

三通阀

气缸底座　　　　气缸

球阀

图 2.49　各种气路连接附件

气源是获得压缩空气的能源装置。其主要包括空气压缩机、冷干机、贮气罐、过滤器等。

控制元件用以改变压缩空气流向、压力、流量,以实现执行元件完成所规定动作。如电磁阀、快排阀等。

执行元件是以压缩空气为工作介质产生机械运动,并将气体的压力能转变为机械能的能量转换装置,主要为气缸。

辅助元件是使压缩空气净化、润滑、消声以及用于元件间连接等所需要的一些装置。辅助元件包括气源处理元件、消音器、气路管道、接头等。

2.9 电气控制系统

电气控制系统主要包括上位机监控管理软件,PLC 控制程序,硬件设备的线路控制。具体包括动力控制、冷料级配控制、燃烧器控制、除尘控制、自动计量控制、成品料提升、沥青供给、上位机软件等,各个单元统一集中由 PLC 控制输出,如图 2.50 所示。

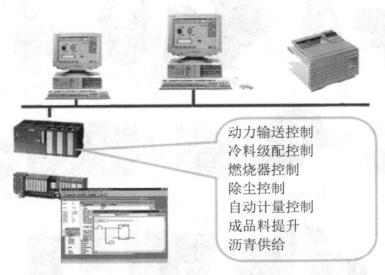

动力输送控制
冷料级配控制
燃烧器控制
除尘控制
自动计量控制
成品料提升
沥青供给

图 2.50 控制系统组成框图

2.9.1 动力控制单元

动力控制单元主要由控制房动力柜和户外动力柜组成,用于控制拌合站各电机的正常运行、监控其运行情况、保证其使用安全。

控制房动力柜的电机控制主要有直接起动和星——三角起动方式两种。

户外动力柜主要由沥青计量变频柜、小车变频柜和引风机变频柜组成，主要采用了变频器起动控制方式。整个沥青控制设备是由一系列相互影响，一个环节扣一个环节的部件组成，所以在生产过程中，设备必须以连锁保护状态运行。

主要电机的连锁关系：振动筛→热骨料提升机→干燥滚筒→上料皮带→集料皮带→各冷料给料皮带；回收粉提升机→回收粉到粉提螺旋→回收粉输送螺旋→布袋除尘螺旋。

2.9.2　冷料级配控制单元

冷料级配控制单元主要用于控制冷料仓的变频器。根据级配参数，设定运行频率，监控其运行状况。

其主要功能包括：启动或停止冷料供给系统给料机的运行；设定冷料仓变频器的运行频率，显示当前运行数据；检测皮带的断料情况，并做报警指示；根据缺料与否，控制细料仓振动器的工作，缺料 3s 自动启动振动器，2s 后停止，并把信号传送到上位机指示；紧急情况下，通过拉线安全开关控制集料平皮带运输机和上料斜皮带运输机的运行。

2.9.3　燃烧器控制单元

燃烧器控制单元主要用于控制燃烧器的自动点火工作，并使其能在具体的温度设定下实现手动/自动的控制和保护以及实现温度自动控制。

其主要功能包括：

（1）控制燃烧器风机、油泵、轻重油的转换，燃烧器风门、油门。

（2）自动点火过程和安全控制。

（3）根据具体的温度设定值，自动或手动控制骨料的温度。

2.9.4　除尘控制单元

除尘控制单元主要用于控制布袋除尘器的反吹电磁阀动作，可根据实际使用情况设定各个反吹汽缸的开启时间和停止时间。

其主要功能包括：

（1）控制回收粉尘输送的各螺旋电机，并设置必要的连锁关系为：回收粉提升机→回收粉到提升机螺旋→回收粉输送螺旋→布袋除尘螺旋。

（2）根据实际使用情况设定各个反吹电磁阀的开启时间和停止时间。

（3）根据实际检测的滚筒负压和设定的参数比较控制引风机的风门，确保热系统压力在合理状态运行，在上位机显示引风机电流和风门开度指示。

2.9.5 自动计量控制单元

自动计量控制单元主要用于控制整个计量系统，包括 5 种骨料累加计量、2 种粉料累加计量、1 种沥青计量、1 种添加剂计量（可选）。

其主要功能包括：

（1）系统连续地显示各个热骨料、粉料仓的储料料位情况。

（2）各物料计量秤的校秤窗口在上位机进行，校秤参数存储在下位机 PLC 的存储卡中。

（3）可分别手动/自动计量骨料、粉料、沥青、添加剂。

（4）有各秤计量显示以及各仓门、计量阀、电机的动作指示。

（5）上位机有配方库的存储，计量参数的设定，搅拌时间，放料等时间的设定。

（6）系统可任意设定生产批量数，自动生产，生产结束后系统处于等待状态。

2.9.6 成品料提升单元

成品料提升单元主要用于控制成品料提升小车的手动/自动运行、仓位的选择、仓门的保温加热、成品料仓的料位监测、是否使用提升以及轨道自动变位（有/无提升变位）。

其主要功能包括：

（1）采用变频器控制，可以设定电机的启动加速度，运行速度，停车减速度。

（2）成品料提升小车有手动/自动两种控制方式。

（3）采用高速旋转编码器精确定位。

（4）上位机实时显示小车的运行情况。

（5）在小车运行未到达零点检测开关前，可任意改变小车的停止仓位。

（6）各仓位的进料门和卸料挡杆装有到位检测开关。

（7）系统可以根据实际运行情况，在上位机修改小车运行参数。

（8）提升轨道上下安装两组极限位置安全开关、动作时直接切断卷扬机的电源。

2.9.7 沥青供给系统控制单元

沥青供给系统控制单元主要用于控制热沥青在管路中循环，保持一定的温度和流动性。当沥青温度低于设定值时，上位机系统主画面会提示沥青温度低。供给系统由变频电机控制。当配料时，电机快速运转，缩短配料时间；到达配比设定时，电机低速运转使沥青缓慢进入，提高计量精度。

2.10 旧沥青料再生系统

旧沥青路面的再生方式主要有两种：就地再生和厂拌再生。就地再生又可分为就地热再生和就地冷再生两种；厂拌再生又分为连续式和间歇式两种[6-7]。

就地热再生是用一台综合式再生重铺机组，连续实现加热、耙松、再生剂添加、加热搅拌、摊铺等工艺。其特点是施工周期短，对交通干扰小，运输量小，环保性好，但设备系统复杂，技术水平要求高，一次性投资大，工艺柔性较差，不能利用现有的摊铺设备和技术。

就地冷再生施工是先铣削粉碎并收集旧路面材料，加入一定数量的石灰、水泥、乳化沥青或泡沫沥青等添加剂，搅拌后作为再生后的基层混合料使用。在此基层上再罩上一层磨耗层和适宜的表面处置作为面层，成型新的道路供使用。其可对 100～500mm 的破损路面及路基进行再施工。

厂拌再生则是将铣削的旧沥青路面材料运送到搅拌厂（站），破碎、筛分处理后根据不同的旧材料以及翻新道路的要求，部分或全部采用旧材料，添加一定的沥青或再生剂，加热搅拌后运送到施工现场，摊铺、碾压。其特点是质量易于控制，可对不同的旧材料进行再生，适用于生产多种材料的再生，施工周期长，对交通干扰大，运输费用也大，但可利用现有的施工设备，投资小。

现阶段，我国主要使用的再生拌合设备主要是作为强制间歇式沥青混合料拌合设备的附加装置使用。它与强制间歇式沥青混合料拌合设备连接在一起，共用一个搅拌器。其主要由冷料仓 1 套、皮带机 1 套、提升机 1 套、烘干系统 1 套、计量系统 1 套等组成。

连接有再生拌合设备的强制间歇式沥青混合料拌合设备的工艺流程如下：

（1）粗级配后的新骨料经集料平皮带机和上料斜皮带机送入逆流干燥滚筒，旧的路面材料通过相应输送装置送入顺流式干燥滚筒内。

（2）新骨料经烘干、加热后，通过热骨料提升机输送到振动筛内，筛分后的热骨料存入热骨料仓内。

（3）旧沥青料经烘干、加热后，存入单独的骨料仓内。

（4）两种骨料经分别称量后卸入搅拌器内，同时加入称量后的沥青与粉料，搅拌直至均匀出料，成品料经提升装置送入成品料仓中。

这种新热骨料和冷旧再生混合料独立加热、计量，且新热骨料筛分后再计量等方式，可确保新热再生沥青混合料的质量，生产率不会降低，冷旧再生料的加入量可达到 50%，是一种较理想的再生拌合设备。

第3章　各系列强制间歇式沥青混合料拌合设备

3.1　A1000 型沥青混合料拌合设备

A1000 型沥青混合料拌合设备是在吸收欧美成熟技术经验的基础上，自主开发的具有当代国际先进水平的成套技术装备，如图 3.1 所示。其可生产满足各种路面施工规范要求的沥青混合料，完全满足高等级公路、城市道路、机场、港口、水利等工程施工的需要，模块化组合，可完全装于集装箱内运输，便于出口。

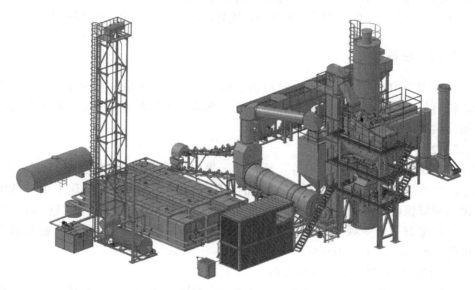

图 3.1　A1000 型沥青混合料拌合设备外观图

3.1.1　设备特点

（1）性能稳定，系统单元环节参数匹配合理。

（2）模块化设计组合。拌合设备的各部分组成采用模块化结构设计，布局合理紧凑，部件间接口装拆简捷；结合运输条件设计，转场快捷方便。

（3）关键技术吸收整合应用欧洲先进技术。关键节点环节如控制单元、干燥滚筒、振动筛、搅拌缸等吸收欧洲名厂技术经验，确保设备关键性能指标的实现，如级配精度控制、温度精度控制、油石比误差精度控制、整机自动化程度及稳定性指标控制等。

（4）关键部件选名厂名品。控制单元、燃烧器、动力驱动单元、气动单元等采用名牌产品以保证设备运行稳定性和可靠性，如德国 SIEMENS 的 PLC，名牌燃烧器，品牌电机减速机和气动组件等。

（5）各个单元性能指标衔接匹配合理，燃料消耗、用电消耗、除尘指标等控制符合标准规定要求。

（6）辅件结构设计紧凑，搅拌塔平台、护栏、梯子、除尘工作管路、沥青保温加热工作管路等的设计考虑了装拆、运输方便等条件。

（7）整套设备符合安全、环保体系认证的要求。

（8）控制单元采用 PC/PLC 联合控制沥青混合料的流程生产，采用 PC 和多媒体模式实时监控生产流程，自动级配精度补偿保证混合料的质量。

（9）干燥加热单元采用可选燃油、燃煤、燃气、油气两用等多种方案。

3.1.2 设备组成

整套设备由冷料供给系统、骨料烘干加热系统、除尘系统、搅拌塔、气动系统、粉料供给系统、沥青储存及加热系统、成品料储存系统（选购）及控制系统九部分组成。

3.1.2.1 冷料供给系统

冷料供给系统主要由冷料斗、给料机、平皮带机和斜皮带机组成，如图 3.2 所示。4 个料斗能满足各种沥青混合料的级配要求。在沙料斗上配有 1 个 0.2kW 的振动器以保证冷料仓工作正常。斗宽 3.6m，上料高度 3.2m，单斗容量 8m³，每个斗下部配有一台变频调速的皮带给料机和一套断料报警单元。平皮带机和斜皮带机的生产能力最大为 100t/h。

3.1.2.2 骨料烘干加热供给系统

骨料烘干加热供给系统主要由干燥滚筒、燃烧器及相应的燃料供给单元、热骨料提升机等组成。

（1）干燥滚筒。筒体外形尺寸为：直径 1.7m，长度为 6.5m，如图 3.3 所示。干燥滚筒驱动采用四轮摩擦驱动的传动形式，物料最大加热能力为 80t/h。滚筒内按顺序分布着各种用于骨料与火焰进行热交换的导料板，实现骨料在滚筒内得到充分热交换。

图 3.2　A1000 型设备冷料供给系统

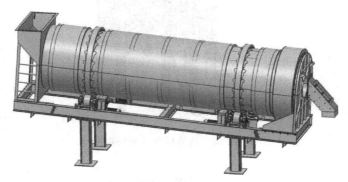

图 3.3　A1000 型设备干燥滚筒

（2）燃烧器。配置方案：采用燃油型燃烧器。

采用数字式变频燃烧器，可燃柴油、重油及渣油；燃烧器具有节能的特点；调节比为 1:10；温控精度高，配备有超温自动保护装置；燃料消耗率≤6.5kg/t 混合料（46,055JK/kg 标油）。

在干燥滚筒卸料槽内，装有温度传感器，用于自动控制出料温度；控制台控制点火、熄火、控温及温度显示。

燃料供给单元包括工作管路及附件等。

（3）热骨料提升机。热料提升机由机头、机尾、多节箱体、双链及提斗组等组成，如图 3.4 所示。机头驱动由电机减速机直联提供，并带有防倒转的止逆装置，机尾安装自动张紧装置从而保证提升机安全、可靠、高效率地工作。

3.1.2.3 除尘系统

除尘单元由两级系统构成，包括一级重力式除尘器、二级布袋式除尘器、引风机及工作管路等环节，如图 3.5 所示。布袋除尘采用脉冲行吹技术，总过滤面积为 432m^2，采用 55kW 引风机；除尘单元的冷风门带有超温保护装置温度仪。重力除尘后的粗粉经螺旋输送器送至热骨料提升机，布袋除尘收集的细粉落入下仓底后通过螺旋输送器和链斗提升机输送至回收粉仓。

图 3.4 热骨料提升机外观图

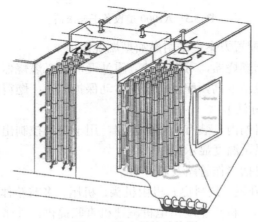

图 3.5 除尘系统结构图

3.1.2.4 拌合楼系统

拌合楼系统主要由振动筛分装置、热骨料贮料仓、计量装置和搅拌器等组成。

（1）振动筛分装置。采用德国技术的双层 4 级筛分振动筛，单振动轴驱动，可筛分出 4 种不同规格的骨料，如图 3.6 所示。采用快速拉钩式弹簧拉紧固定筛网，更换筛网方便快速。

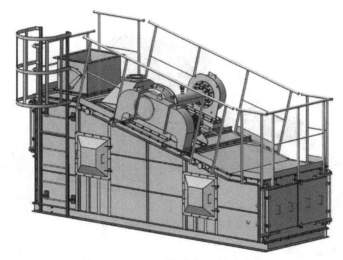

图 3.6 A1000 型设备振动筛分装置

（2）热骨料贮料仓。热骨料贮料仓分 4 个仓隔，总容积为 10m³。各仓隔上安装有料位仪。4 个卸料门采用气动控制方式卸料，1 号、2 号仓的仓门可以调节，以减小落差和提高级配精度。

（3）计量装置。计量装置由骨料秤、粉料秤、沥青秤等组成。沥青采用蝶阀控制自流至搅拌器内，粉料采用螺旋输送器输送至搅拌器。称重传感器采用的是进口传感器，称量精度高，骨料秤计量精度为±1.0%，粉料秤计量精度为±1.0%，沥青秤计量精度为±0.3%，油石比误差控制小于±0.3%。

1）骨料秤。骨料秤由四个称重传感器悬于机架下。骨料秤完全密封防尘，气动卸料门能快速将骨料注入搅拌器。

2）粉料秤。新粉和回收粉分别按比例通过螺旋输送器送至粉料秤，秤体由三个称重传感器悬于机架下，粉料秤通过气控蝶阀卸料。为实现快速排料，在秤体锥部装有振动电机。

3）沥青秤。沥青秤将三个称重传感器悬于机架下，通过保温沥青泵将计量后的热沥青喷进搅拌器参与混和料搅拌。

（4）搅拌器。搅拌器由缸体、搅拌轴、桨臂、桨叶、耐磨衬板、气控卸料门等组成，如图 3.7 所示。采用欧式技术的搅拌器不但使混合料搅拌均匀，而且可以提高拌合效率、缩短拌合时间。采用欧式技术的搅拌器，搅拌能力为 1000kg，循环周期为 45s。衬板及桨叶采用高强度耐磨铸铁制成，寿命可达搅拌 10^5 批次。搅拌缸驱动采用双电机减速机驱动，对侧双齿轮啮合保证同步传动避免桨叶在工作中相互磕碰。

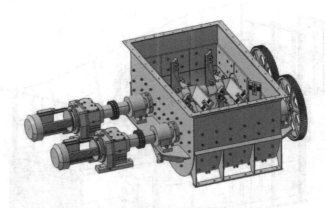

图 3.7　A1000 型设备搅拌器

3.1.2.5　气动控制系统

整套设备气动单元由空压机、储气罐、气缸、三联体、电磁阀、工作管路及附件等组成，如图 3.8 所示。

图 3.8　A1000 型设备气动单元

3.1.2.6　粉料供给系统

粉料供给单元由新粉供给和回收粉供给两个环节组成，如图 3.9 所示。上置 1 个 30m³ 新粉仓，吹送上粉，通过螺旋输送器送至粉料秤。布袋除尘器回收的细粉经螺旋输送器和链斗提升机送至 1 个 10m³ 回收粉仓。仓体锥部装有气吹防蓬装置，上下粉仓均配有料位仪监控料位。新粉仓顶部装有仓顶除尘通风装置及压力安全阀。

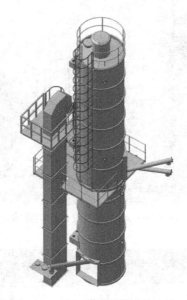

图 3.9　A1000 型设备粉料供给单元

3.1.2.7　沥青保温储存及加热单元

该单元由保温沥青罐、沥青接卸槽、沥青泵、燃油型导热油一体化炉（含导热油循环泵）、保温沥青工作管路及附件、导热油工作管路及附件等组成。沥青罐单罐容积为 50,000L，卧式燃油型导热油一体化炉实现自动控温，其中燃烧器及部分控制仪表采用进口件，沥青泵为螺杆泵。

3.1.2.8　电气控制系统

整套拌合设备控制单元包含硬件部分和软件部分。硬件部分包含控制室体（图 3.10）、PC 控制台（图 3.11）、采用德国 SIEMENS 组件的 PLC 控制柜、电气拖动柜组、动力电缆及辅件、控制电缆及辅件、空调等。

软件部分包含沥青混合料拌合设备生产工艺流程控制软体单元，如图 3.12 所示。控制技术建立在德国 SIEMENS 的 PLC 技术基础上，沥青混合料生产工艺全过程可实现自动控制、半自动控制和手动控制。可严格按照工程施工配方要求生产，动画显示工艺流程，参数设定和修改全部通过电脑完成。具有配方输入存储、落差修正、时间调节、校秤、油石比动态跟踪、故障自动诊断、自动报警、数据报表的打印及存储功能。

图 3.10　A1000 型设备控制室体

图 3.11　A1000 型设备 PC 控制台

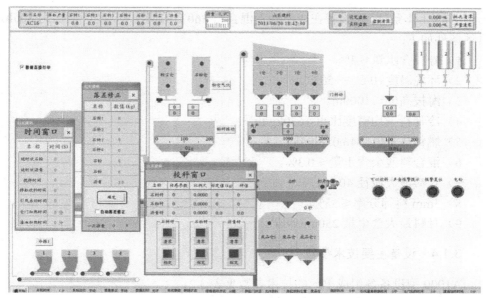

图 3.12　A1000 型设备软件控制显示

3.1.3　主要性能指标

（1）生产能力。该设备的生成能力为 60～80t/h。

（2）燃料消耗。该设备在标准工况下，每吨成品料的油耗约为 6.5kg。

（3）计量精度。该设备的计量精度见表 3.1。

表 3.1　A1000 型设备计量精度

	骨料秤	粉料秤	沥青秤
静态	±0.1%	±0.1%	±0.1%
动态	±1.0%	±1.0%	±0.30%
油石比误差控制	小于±0.3%，可满足任何等级公路的要求		

（4）除尘效率和林格曼黑度。该设备配有一级重力除尘器和二级布袋除尘器。经二级布袋除尘器后，粉尘排放量≤25mg/Nm³，林格曼黑度小于 I 级。

（5）环境噪音。该设备的噪音≤80dB（距离最大噪声源 30m 的噪音值），控制室内噪音≤70dB。

（6）控制方式。该设备可实现全自动、半自动、手动控制模式，计算机彩色屏幕显示。

（7）装机容量（含导热油部分）。该设备的主燃烧器为燃油型，约 280kW。

（8）工作条件。该设备在成品沥青混合料160℃的情况下，生产能力为80t/h，具体条件如下：

1）骨料含水量≤3%。

2）环境温度+0℃～+50℃。

3）海拔高度≤1000m。

4）冷骨料平均密度比重1650kg/m^3。

5）燃料热量值≥46,055jk/kg。

6）混合料残余含水量≤0.3%。

7）骨料最大粒径40mm。

8）3mm料筛分率≤35%。

9）骨料最大含尘量250mg/Nm^3。

3.1.4　设备主要技术参数

A1000型设备各组成单元的技术参数见表3.2。

表3.2　A1000型设备技术参数

1. 冷料供给系统	4只冷料斗 单斗容积8m^3 3.6 m × 3.2 m　（宽×高） 1个200W的振动电机装在砂仓上 4个粗废料隔离网，安装于冷料斗的进口 4组断料自动报警装置
	4台变频调速给料机 4×2.2kW 电机减速机提供××动力 控制台集中控制各个给料机 调整被动轮轴承座以调整皮带张紧度 500mm 宽皮带
	1台平皮带机 平皮带宽度650mm 电机功率4kW 输送能力100t/h
	1台斜皮带机 斜皮带宽度500mm，电机功率4kW，输送能力100t/h 调整被动轮轴承座以调整皮带张紧度 重型槽钢制成的底盘和支架
	急停按钮装置 大料剔除装置

续表

2．骨料烘干加热供给系统	干燥滚筒 当含水量≤3%时，烘干能力 100t/h 干燥筒尺寸 1.7 m× 6.5m（直径×长度） 四轮摩擦传动，驱动功率 4×5.5kW 筒壁采用岩棉保温
	方案：燃重渣油 采用数字式变频燃烧器 可燃柴油、重油或渣油，控制台控制点火、熄火、控温及温度显示，配有超温自动保护装置，具有节能、低噪音、比例全自动控制等特点 鼓风机电机功率 15kW 燃料消耗率≤6.5kg/t 混合料（46,055JK/kg 标油） 燃油泵，电机功率 2.2kW 通过装在干燥滚筒卸料槽内温度传感器自动控制出料温度 1 台 2.5m³/min 螺杆式空压机站，提供空气动力雾化燃油 1 个 300 L 储气罐 1 套供油管路及附件
	骨料测温 1 个温度传感器置于干燥滚筒卸料槽处，测控烘干后卸出的骨料温度
	TH315 型热骨料提升机 链斗宽度：315mm 驱动功率：11kW 提升能力：90t/h 配有带逆止功能的电机减速机
3．除尘单元	一级除尘： 重力式除尘器 1 个 1.5kW 星型给料机 1 个 3kW 螺旋输料器，回收粗粉至骨料链斗提升机
	二级除尘： 布袋式除尘器 形式：脉冲行吹式 过滤面积：432m² 过滤风速：1.45m/min 布袋介质：400g/m² 除尘效率≤50mg/Nm³ 2 个 1.5kW 星型给料机 1 个 2.2kW 螺旋输料器，回收粗粉至粉料链斗提升机
	1 台引风机，功率 55kW
	1 个直径 1.05m、高 6m 的烟筒

4. 拌合楼系统	振动筛 采用德国技术，4组分2层筛分 筛分面积：7m² 筛分能力：80t/h（0~3mm 规格料<35%） 驱动方式：单振动轴式 驱动功率：5.5kW 筛体倾角：14°
	热筛分储仓 4组分，总容积 10m³ 单仓采用料位仪监测料位 气动控制计量卸料门 储仓采用岩棉保温，外壁以坑纹彩色钢板覆盖 单仓均设料位仪，监测料位情况 各仓分别设检查孔 设置溢流工作管路
	计量 所有计量秤采用高精度传感器，石料秤采用累加式计量方式，沥青秤采用动态跟踪二次称量，具有手/自动落差修正功能，保证沥青含量偏差在±0.2%范围之内 1个骨料计量秤 最大称量能力：1200kg，计量单位 1kg 1个粉料计量秤 最大称量能力：120kg，计量单位 1kg 1个沥青计量秤，带保温 最大称量能力：100kg，计量单位 0.1kg，带有防溢装置
	粉料计量后输送 将粉秤卸出料输送至搅拌缸 1个螺旋输料器 功率：3kW
	沥青计量后输送 1个气控保温蝶阀控制通断，自流卸料 1套保温工作管路及附件
	搅拌 1台双卧轴搅拌缸 搅拌能力 1000kg/批次 搅拌周期 45s/批次 双电机减速机驱动，功率 2×22kW 桨臂、桨叶和衬板采用耐磨材料，寿命达 10^5 批次
	搅拌塔支撑 1套搅拌塔底支撑 接料高度 4m
	维护及安全 1套平台、护栏及梯子

续表

5. 气动系统	1 台螺杆式空气压缩机站 能力 3.5m³/min 功率 22kW 2 个储气筒，单筒容量 300L 单元含气缸、电磁阀、三联体、气动工作管路及附件等，用来完成搅拌塔各开门动作和除尘器布袋清灰
6. 粉料供给系统	新粉供给 1 个 30m³ 新粉仓，吹送上粉，设进粉管 2 个料位仪 6 个助流气碗，分别用于新粉仓和回收粉过渡仓卸料口破拱 2 个手动蝶阀 2 个 DN168 螺旋输料器，单机功率 3kW，分别用于称新粉和回收粉 2 个气动蝶阀，分别用于称新粉和回收粉 3 个电磁阀 1 个仓顶除器 1 个安全阀
	回收粉供给 1 个 10m³ 回收粉仓，设有排粉管 2 个料位仪 6 个助流气碗 1 个手动蝶阀配于卸料口 1 个 DN168 螺旋输料器，功率 2.2kW，循环回收粉 1 个 TH250 型链斗提升机，功率 4kW，输送回收粉 1 个 DN168 螺旋输料器，功率 2.2kW，收集来自除尘器的回收粉 1 个电磁阀
7. 沥青保温储存及加热系统	储存及供给 2 个卧式沥青保温罐，单罐容量 40,000L 1 个 3,000L 的沥青接卸槽 1 个 7.5kW 保温沥青泵，能力 27m³/h，用于接卸沥青 1 个 5.5kW 保温沥青泵，能力 23m³/h，用于计量沥青 1 个泵载气控三通阀 1 个油水分离器 1 套沥青工作管路及附件
	加热 1 台 300,000kcal/h 的燃油型导热油炉 2 个导热油循环泵，功率 2×11kW 1 套控制柜、电缆及附件 1 套热油工作管路及附件
8. 控制系统	1 个中央控制室 1 套 PC 控制台 1 套采用德国 SIEMENS 组件的 PLC 控制柜

	1套电气拖动柜组 1套动力电缆及辅件 1套控制电缆及辅件 1台立式冷暖空调
8. 控制系统	1套沥青混合料生产工艺流程控制单元 PLC建立在SIEMENS平台上，PC控制采用Windows XP和专业控制平台，可实现沥青混合料生产工艺全过程的自动控制和手动控制严格按照配方要求生产，动画显示工艺流程，参数设定和修改全部通过电脑完成。具有配方输入存储、落差修正、时间调节、校秤、油石比动态跟踪、故障自动诊断、自动报警、数据报表的打印及存储等功能

3.1.5 设备平面布置图

A1000型设备的平面布置图及三维模型图分别如图3.13和图3.14所示。

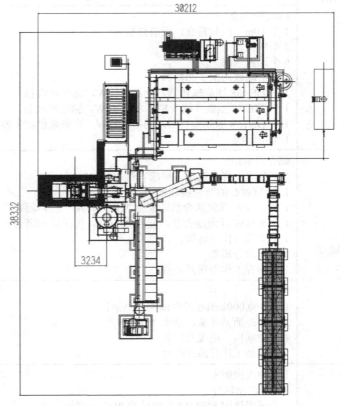

图3.13 A1000型设备平面布置图（单位：mm）

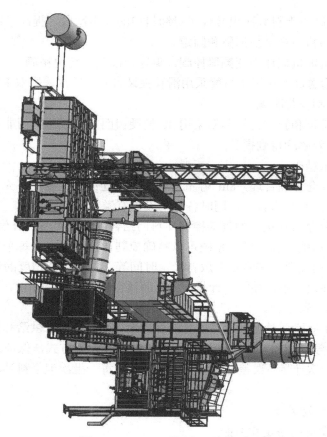

图 3.14　A1000 型设备三维模型

3.1.6　A1000 型设备优势

3.1.6.1　模块化设计

（1）设备所有单元均采用模块化结构设计，尺寸完全满足道路运输要求，设备结构紧凑，安装、拆卸、运输方便快捷。

（2）拌合楼采用型材组合的复合式结构，使得塔身构造坚固，并且具有视觉美感。

（3）拌合楼平台、梯子采用格栅网式结构具有防滑和易清洁等特点。

3.1.6.2　混合料配比控制精度高

冷骨料初级配准确是成品混合料配比准确的必要前提。

（1）冷料供给单元工作可靠，初级配准确。

1）冷斗标配 4 单斗组合，容量 $8m^3$/斗。大容量冷斗不仅保证了设备生产能力，而且通过减少上料频次也减轻了对卸料口的冲击次数，提高了冷级配水平。

2）冷斗卸料门开度易调整和固定。

3）给料机电机调速由变频器控制，调速范围宽，定速精确。

4）皮带输送机上托辊架与梁采用滑移夹装方式、托辊采用双卡槽安装，便于装拆和有效控制皮带跑偏。

5）平皮带机和斜皮带机驱动采用 K 型硬齿面电机减速机而非电动滚筒，可靠性、性能和效率均得到提升。

（2）计量精确。

1）热筛分仓分隔合理，8m³ 容量仓为高产量连续生产提供了充分的保障。各仓采用料位仪监测仓内料位，同时各仓均设置有溢料口。

2）热筛分仓自动迅捷的气动控制卸料门结合独特的"飞料补偿"控制功能，保证了矿料的精确计量。控制系统可以精确控制计量过程中的每个参数，如粗细集料称量、自动飞料误差修正、放料稳定时间等，以实现高精度的计量控制。

3）骨料秤设计不仅缩短了计量时间，而且也提高了计量精度，并且设计有方便校秤的砝码放置平台。

4）粉料计量控制对于混合料质量的保证至关重要。新粉供给和回收粉供给合理、紧凑、科学，新粉与回收粉添加采用单独累计计量方式，保证级配精确。

5）沥青二次计量（误差补偿）功能可以保障每一批次混合料油石比的精度在 ±0.2% 以内。

3.1.6.3 节能优势

（1）干燥滚筒稳定和节能。

1）干燥滚筒设计燃烧区、料帘形成区、进料排烟区的导料板结构设计和布局合理，使热交换充分，排烟顺畅。筒壁材料采用 20g 锅炉板，外敷槽钢圈加固定型，属复合结构，强度好，容易保证圆柱度。滚圈与筒体的联接采用蝶形板组合，易于滚筒在工作中释放应力。

2）滚筒底盘设计采用独特的结构，体现坚固和稳定的特性，采用摩擦驱动，4 台 F 型电机减速机悬挂直连到托轮上通过摩擦驱动推动滚筒工作，托轮采用 4 点悬浮机构，使设备运转时噪音低、传动效率高、结构紧凑且调整方便。

3）干燥滚筒卸料槽处采用热电阻监测骨料温度，与燃烧器 PID 配合，温度控制误差不超过 ±1°。

（2）燃烧器温控精度高，性能稳定。

1）燃油性能。燃重渣油，采用低压雾化方式，雾化质量好，满足条件的最低油耗为每吨沥青混合料 6kg，温控精度高，性能稳定。

2）燃气性能。效率高，节约燃气，最低气耗为每吨沥青混合料约 5.4m³ 燃气，温控精度高，稳定性好。

3）数控变频一体机。

（3）除尘单元紧凑节能。

1）除尘单元与干燥滚筒布置形式显著缩短了烟道长度，减少了尾气温降损失，提高了热利用效率，节省了油耗或气耗。粗粉经重力除尘部分、螺旋输料器回送至热骨料链斗提升机；细粉经布袋除尘器的仓底螺旋、星型给料机、链斗提升机回送至回粉仓或排掉。

2）除尘器设计将布袋除尘器内的气布比、腔内空气流速、前后端压差、远程废气流速度控制等因素都予以综合考虑并进行了优化设计，从而保证了高效除尘和超低排放。

3）采用脉冲行吹技术使布袋 100%处于在线清灰状态，有效增大了除尘面积。

4）工作管路高温段采用了耐 600℃的底漆和面漆。

3.1.6.4 产能高和可靠性好

整个产品在各个单元部件的设计方面、材料选用、外购件选用都力求达到最佳匹配效果，有机整合后的沥青站产量高、可靠性非常好。

（1）产能高。

1）冷料供给单元的供料速率最高可达 100t/h。

2）标准工况下，烘干加热系统的加热能力满足小时产量 100t/h 的需求。

3）链斗提升机采用锚链式传动方式，采用加固边缘料斗、耐磨链轮、防尘箱体及自动张紧装置、止逆装置及重型硬齿面电机减速机。

4）吸收采用德国技术的高筛分效率的振动筛，振动采用电机驱动下的振动轴型式，双重四级筛分，筛分效果好，混仓率低，可保证骨料筛分的精确性，且不会发生筛孔堵塞现象。采用瑞典技术的弹性模块消除电机座应力。270 度开门和筛网拉簧机构使筛网更换与张紧简单方便。

5）搅拌缸的设计使得桨臂和桨叶在较短的时间内拌出均匀的混合料。桨叶和衬板采用镍硬合金使搅拌缸可轻易实现 105 批次的搅拌。大容量的搅拌空间，更换方便的部件设计可显著减少维护时间与运营成本。沥青喷洒系统设计可使沥青与粗细集料在搅拌缸内实现快速混匀。合理的结构设计、运动形式，加上匹配合理的驱动力，使骨料、粉料和沥青在搅拌缸内做充分的纵向沸腾与横向环流运动，在规定拌合时间内实现了集料与沥青的最大频次的强力拌合，并有效减缓了沥青老化速度。

（2）可靠性好。

该设备的干燥滚筒叶片、滚筒卸料端、骨提底部进料槽、热提顶部卸料挡板、骨料进筛溜槽衬板、振动筛进料口、热骨料筛分仓的底部、骨料秤底部、溢料管折点等部位均采用耐磨材料或耐磨方案设计。搅拌缸衬板与叶片采用镍硬合金使搅拌缸可轻易实现 10^5 批次的搅拌。除尘布袋采用 NOMEX 材料等，最大程度上保证了设备的运行可靠性。

3.1.6.5 控制系统实用和易掌握

沥青混合料生产工艺流程专业控制软件操作简单，将过程参数以图表的形式形象地显示于界面，操作者可以轻松控制整个生产过程。

（1）采用德国 SIEMENS（西门子）PLC、进口传感器、重量变送器、料温监测装置、变频调速控制装置等硬件条件，加之拥有力控系统平台专业上位 PC 等以保证程序运行稳定性。多媒体显示、声光报警、模拟及数字信号显示、过程图表、运行模拟等这些功能也都极大地方便了设备操作和管理。

（2）控制单元还具有各种生产报告程序所需的大量数据库及存储功能。

3.2 A1500 型沥青混合料拌合设备

与 A1000 型沥青混合料拌合设备相比较，A1500 型沥青混合料拌合设备的不同点在于以下几个方面。

3.2.1 设备组成

3.2.1.1 冷料供给系统

平皮带机和斜皮带机的生产能力最大为 140t/h。

3.2.1.2 骨料烘干加热供给系统

（1）干燥滚筒的外形尺寸为：直径 1.8m，长度 7m。物料最大加热能力为 140t/h。

（2）燃烧器。燃烧器有三种可选择方案：

配置方案 1：燃油型燃烧器。

采用数字式变频燃烧器，可燃柴油、重油及渣油，燃烧器节能，调节比可达 1:10，温控精度高，并配备有超温自动保护装置。燃料消耗率小于等于 6.5kg/t 混合料（46,055JK/kg 标油）。在干燥滚筒卸料槽内，装有温度传感器，用于自动控制出料温度，控制台控制点火、熄火、控温及温度显示。

燃料供给单元包括工作管路及附件等。

配置方案 2：燃煤型燃烧器。

燃煤型燃烧器，采用旋转式燃烧炉膛。

煤燃料的主要指标为：含水量<5%；发热值>6500kcal/kg；挥发份>30%；硫份<1%；灰份<6%；固定碳>53%。粉煤机锤片的使用寿命为 400h，炉膛耐火砖的使用寿命为 600h。

燃料供给单元包括工作管路等。

配置方案 3：燃气型燃烧器。

燃烧器为紧凑型一体机，易于系统连接，外观设计新颖。

用户提供对应燃气阀组的口径为 DN80。燃气燃烧器采用气环式雾化方式，满足低氮氧化物的排放，风机采用变频控制，燃料调节比为 1:10，采用电子比例调节方式，启动平稳，控制精度高。

3.2.1.3 除尘系统

布袋除尘采用脉冲行吹技术，总过滤面积为 510m^2，引风机的功率为 75kW。

3.2.1.4 拌合楼系统

（1）振动筛。采用德国技术的 4 层振动筛，双振动轴驱动，可筛分出 4 种不同规格的骨料。

（2）热筛分储仓。热筛分储仓分 4 个仓隔，总容积为 14m^3。

（3）搅拌缸。采用欧式技术的搅拌器，搅拌能力为 1500kg，循环周期为 45s。

3.2.1.5 成品料储仓

成品料储仓采用搅拌塔底置式模式，储存能力为 50t，含容积为 6m^3 的废料仓，采用岩棉保温。卸料门采用气控方式卸料，具备电加热功能，有防离析装置。

3.2.1.6 生产能力

A1500 型沥青混合料拌合设备的生产能力为 90～120t/h。

3.2.1.7 装机容量

主燃烧器为燃油型：约 310kW。

主燃烧器为燃煤型：约 360kW。

3.2.1.8 工作条件

成品沥青混合料 160℃的情况下达 120t/h，需要满足的工作条件与 A1000 型设备相同。

3.2.2 设备主要技术参数

A1500 型设备各组成单元的技术参数见表 3.3。

表 3.3 A1500 型设备技术参数

1．冷料供给系统	4 只冷料斗。单斗容积 8m^3
	3.6 m × 3.2 m（宽×高）
	1 个 200W 的振动电机装在沙仓上
	4 个粗废料隔离网，安装于冷料斗的进口
	4 组断料自动报警装置

1. 冷料供给系统	4 台变频调速给料机 4×2.2kW 电机减速机提供动力 控制台集中控制各个给料机 调整被动轮轴承座以调整皮带张紧度 500mm 宽皮带
	1 台平皮带机 平皮带宽度 650mm 电机功率 4kW 输送能力 140t/h
	1 台斜皮带机 斜皮带宽度 500mm，电机功率 4kW，输送能力 140t/h 调整被动轮轴承座以调整皮带张紧度 重型槽钢制成的底盘和支架
	急停按钮装置 大料剔除装置
2. 骨料烘干加热供给系统	干燥滚筒 当含水量≤3%时，烘干能力 140t/h 干燥筒尺寸 1.8m×7m（直径×长度） 四轮摩擦传动，驱动功率 4×7.5kW 筒壁采用岩棉保温
	方案 1：燃油 采用数字式变频燃烧器 可燃柴油、重油或渣油，控制台控制点火、熄火、控温及温度显示，配有超温自动保护装置，具有节能、低噪音、比例全自动控制等特点 鼓风机电机功率 15kW 燃料消耗率≤6.5kg/t 混合料（46,055JK/kg 标油） 燃油泵，电机功率 2.2kW 通过装在干燥滚筒卸料槽内温度传感器自动控制出料温度 1 台 3m³ 螺杆式空压机站，提供空气动力雾化燃油 1 只 300L 储气罐 1 套供油管路及附件 1 个卧式重渣油保温罐，容量 50,000L（选购）
	骨料测温 1 个温度传感器置于干燥滚筒卸料槽处，测控烘干后卸出的骨料温度
	TH400 型热骨料提升机 链斗宽度：400mm 驱动功率：15kW 提升能力：120t/h 配有带逆止功能的电机减速机

3. 除尘系统	一级除尘： 重力式除尘器 1 个 1.5kW 星型给料机 1 个 3kW 螺旋输料器，回收粗粉至骨料链斗提升机
	二级除尘： 布袋式除尘器 　形式：脉冲行吹式 　过滤面积：510m^2 　过滤风速：1.45m/min 　布袋介质：400g/m^2 　除尘效率≤50mg/Nm^3 　1 个 1.5kW 星型给料机
	1 台引风机，功率 75kW
	1 个直径 1.05m 高 6m 的烟筒
4. 搅拌塔系统	振动筛 采用德国技术，4 组分 4 层筛分 筛分面积：17.3m^2 筛分能力：120t/h（0～3mm 规格料<35%） 驱动方式：双振动轴式 驱动功率：2×5.5kW 筛体倾角：14°
	热筛分储仓 4 组分，总容积 14m^3 4 个料位仪监测料位 气动控制计量卸料门 储仓采用岩棉保温，外壁以坑纹彩色钢板覆盖 各仓分别设置检查孔 设置溢流工作管路
	计量 所有计量秤采用高精度传感器，石料秤采用累加式计量方式，沥青秤采用动态跟踪二次称量，具有手/自动落差修正功能，保证沥青含量偏差在±0.2%范围之内 1 个骨料计量秤 最大称量能力：1500kg，计量单位 1kg 1 个粉料计量秤 最大称量能力：180kg，计量单位 1kg 1 个沥青计量秤，带保温 最大称量能力：150kg，计量单位 0.1kg，带有防溢装置

4. 搅拌塔系统	粉料计量后输送 将粉秤卸出料输送至搅拌缸 1 个螺旋输料器 功率：3kW
	沥青计量后输送 1 个气控保温蝶阀控制通断，自流卸料 1 套保温工作管路及附件
	搅拌 1 台双卧轴搅拌缸 搅拌能力 1500kg/批次 搅拌周期 45s/批次 双电机减速机驱动，功率 2×30kW 桨臂、桨叶和衬板采用耐磨材料，寿命达 10^5 批次
	搅拌塔支撑 1 套搅拌塔底支撑 接料高度 4m
	维护及安全 1 套平台、护栏及梯子
5. 气动控制系统	1 台螺杆式空气压缩机 能力 $3m^3/min$ 功率 22kW 2 个储气筒，单筒容量 300L 单元含气缸、电磁阀、三联体、气动工作管路及附件等，用来完成搅拌塔各开门动作和除尘器布袋清灰
6. 粉料供给系统	新粉供给 1 个 $30m^3$ 新粉仓，外来罐车吹送上粉，设吹粉管 2 个料位仪 6 个助流气垫，分别用于新粉卸料口和回收粉过渡仓卸料口 2 个手动蝶阀，分别用于新粉卸料口和回收粉过渡仓卸料口 2 个 DN200 螺旋输料器，单机功率 3kW，分别用于称新粉和回收粉 2 个气动蝶阀，分别用于称新粉和回收粉 3 个电磁阀 1 个仓顶除尘器 1 个安全阀
	回收粉供给 1 个 $10m^3$ 回收粉，仓设有排粉管 2 个料位仪

6. 粉料供给系统	6 个助流气垫，分别用于新粉卸料口和回收粉过渡仓卸料口
	1 个手动蝶阀配于卸料口
	1 个 DN200 螺旋输料器，功率 3kW，循环回收粉
	1 个 TH250 型回收粉链斗提升机，功率 4kW
	1 个 DN200 螺旋输料器，功率 3kW，收集自布袋机的回收粉
7. 沥青保温及加热系统	储存及输送
	2 个卧式沥青保温罐，单罐容量 50,000L
	1 个 3,000L 的沥青接卸槽
	1 个 7.5kW 保温沥青泵，能力 27m³/h，用于接卸沥青
	1 个 5.5kW 保温沥青泵，能力 23m³/h，用于计量沥青
	1 套沥青工作管路及附件
	1 个电磁阀
	加热
	1 台 300,000kcal/h 的燃油型导热油炉，配备进口燃烧器
	2 个导热油循环泵，功率 2×11kW
	1 套控制柜、电缆及附件
	1 套热油工作管路及附件
8. 成品料储存系统	成品料储仓
	采用搅拌塔底置式
	储存能力为 50t，含废料仓，其容积为 6m³
	采用岩棉保温
	卸料门采用气动方式卸料，并具备电加热功能
9. 电气控制系统	1 个中央控制室
	1 套 PC 控制台
	1 套采用德国 SIEMENS 组件的 PLC 控制柜
	1 套电气拖动柜组
	1 套动力电缆及辅件
	1 套控制电缆及辅件
	1 台立式冷暖空调
	1 套沥青混合料生产工艺流程控制单元
	PLC 建立在 SIEMENS 平台上，PC 控制采用 Windows XP 和专业控制平台，可实现沥青混合料生产工艺全过程的自动控制和手动控制
	严格按照配方要求生产，动画显示工艺流程，参数设定和修改全部通过电脑完成。具有配方输入存储、落差修正、时间调节、校秤、油石比动态跟踪、故障自动诊断、自动报警、数据报表的打印及存储等功能

3.2.3　设备平面布置图

A1500 型设备平面布置图及三维模型图分别如图 3.15 和图 3.16 所示。

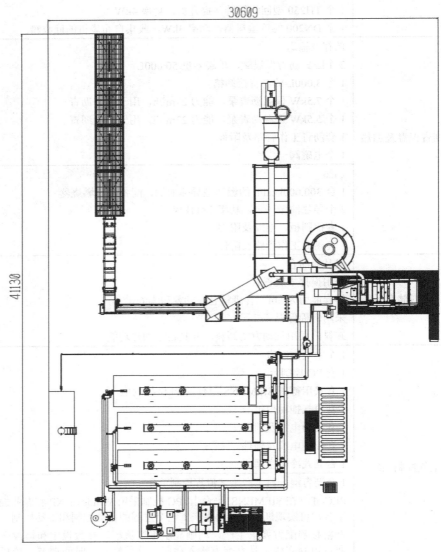

图 3.15　A1500 型设备平面布置图（单位：mm）

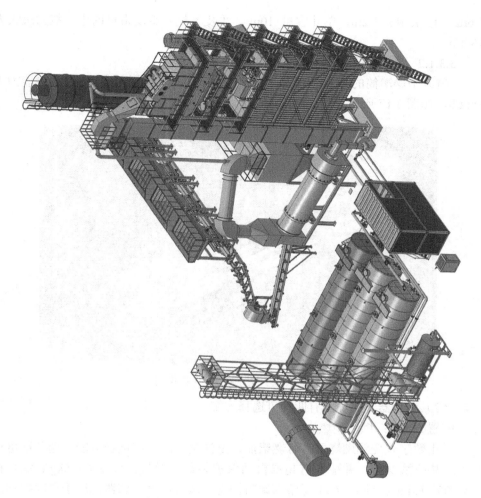

图 3.16　A1500 型设备三维模型图

3.3　A2000 型沥青混合料拌合设备

与 A1000 型沥青混合料拌合设备相比较，A2000 型沥青混合料拌合设备的不同点在于以下几个方面。

3.3.1　设备组成

3.3.1.1　冷料供给系统

冷料供给系统有 5 个冷料斗，每个冷料斗上配有 2 个 0.2kW 的振动器，斗宽

3.6m，上料高度 3.2m，单斗容量 10m³。平皮带机和斜皮带机的生产能力最大为180t/h。

3.3.1.2 骨料烘干加热供给系统

（1）干燥滚筒的外形尺寸为：直径 1.9m，长度 9.7m。物料最大加热能力为180t/h，如图 3.17 所示。

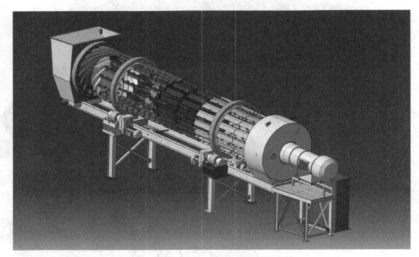

图 3.17 A2000 型设备干燥滚筒

（2）燃烧器。燃烧器有四种可选择方案。

配置方案 1：燃油型燃烧器。

采用数字式变频燃烧器，可燃柴油、重油及渣油，燃烧器节能，调节比可达1:10，温控精度高，并配备有超温自动保护装置。燃料消耗率≤6.5kg/t 混合料（46,055JK/kg 标油）。在干燥滚筒卸料槽内，装有温度传感器，用于自动控制出料温度，控制台控制点火、熄火、控温及温度显示。

燃料供给单元包括工作管路及附件等。

配置方案 2：燃煤型燃烧器。

燃煤型燃烧器，采用旋转式燃烧炉膛。

煤燃料的主要指标为：含水量<5%；发热值>6500kcal/kg；挥发份>30%；硫份<1%；灰份<6%；固定碳>53%。粉煤机的锤片的使用寿命为 400h，炉膛耐火砖的使用寿命为 600h。

燃料供给单元包括工作管路等。

配置方案 3：燃气型燃烧器。

由燃气型燃烧器、工作管路等环节组成。燃气消耗量为 142～1420m³，用户提供对应燃气阀组口径为 DN100。

配置方案 4：油气两用型燃烧器。

3.3.1.3 除尘系统

布袋除尘采用脉冲行吹技术，总过滤面积为 576m²，引风机的功率为 110kW。

3.3.1.4 拌合楼系统

（1）振动筛。采用德国技术的 5 层振动筛，双振动轴驱动，可筛分出 5 种不同规格的骨料，如图 3.18 所示。欧式技术的轴承浸油润滑模式使维修保养十分方便。

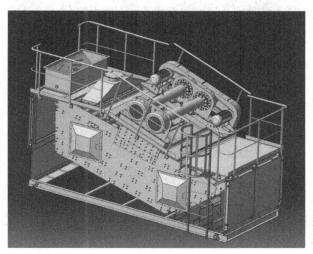

图 3.18　A2000 型设备振动筛

（2）热筛分储仓。热筛分储仓分 5 个仓隔，总容积为 25m³，如图 3.19 所示。

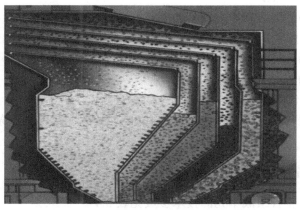

图 3.19　A2000 型设备热筛分储仓

（3）搅拌缸。采用欧式技术的搅拌器，搅拌能力为 2000kg，循环周期为 45s，如图 3.20 所示。

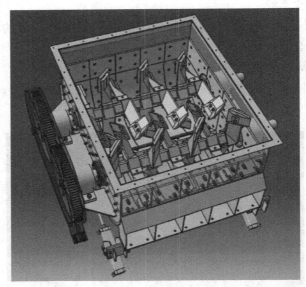

图 3.20　A2000 型设备搅拌器

3.3.1.5　粉料供给单元

布袋除尘器回收的细粉经螺旋输送器和链斗提升机送至 1 个 20m³ 回收粉仓。

3.3.1.6　成品料储仓

成品料储仓采用搅拌塔底置式模式，储存能力为 50t，含容积为 6m³ 的废料仓，采用岩棉保温。卸料门采用气控方式卸料，具备电加热功能，有防离析装置。

3.3.1.7　生产能力

A2000 型沥青混合料拌合设备的生产能力为 120～160t/h。

3.3.1.8　装机容量

主燃烧器为燃油型：约 465kW。

主燃烧器为燃煤型：约 525kW。

3.3.1.9　工作条件

成品沥青混合料 160℃的情况下达 160t/h，需要满足的工作条件与 A1000 型设备相同。

3.3.2　设备主要技术参数

A2000 型设备各组成单元的技术参数见表 3.4。

表 3.4　A2000 型设备技术参数表

1. 冷料供给系统	5 只冷料斗。单斗容积 10m³ 3.6 m × 3.2 m（宽×高） 2 个 200W 的振动电机装在砂仓和石屑仓上 5 个粗废料隔离网，安装于冷料斗的进口 5 组断料自动报警装置
	5 台变频调速给料机 5×2.2kW 电机减速机提供动力 控制台集中控制各个给料机 调整被动轮轴承座以调整皮带张紧度 650mm 宽裙边皮带
	1 台平皮带机 平皮带宽度 650mm 电机功率 5.5kW 输送能力 180t/h
	1 台斜皮带机 斜皮带宽度 650mm，电机功率 5.5kW，输送能力 180t/h 调整被动轮轴承座以调整皮带张紧度 重型槽钢制成的底盘和支架
	急停按钮装置 大料剔除装置
2. 骨料烘干加热供给系统	干燥滚筒 当含水量≤3%时，烘干能力 180t/h 干燥筒尺寸 1.9m × 9.7m（直径×长度） 4 轮摩擦驱动，功率 4 × 15kW 筒壁采用岩棉保温
	方案 1：燃重渣油 采用数字式变频燃烧器 可燃柴油、重油或渣油，控制台控制点火、熄火、控温及温度显示，配有超温自动保护装置，具有节能、低噪音、比例全自动控制等特点 鼓风机电机功率 15kW 燃料消耗率≤6.5kg/t 混合料（46,055JK/kg 标油） 燃油泵，电机功率 2.2kW 通过装在干燥滚筒卸料槽内温度传感器自动控制出料温度 1 台 4m³/min 螺杆式空压机站，提供空气动力雾化燃油 1 个储气筒，单筒容量 300L 1 套供油管路及附件 1 个卧式重渣油保温罐，容量 50,000L（选购）
	骨料测温 1 个温度传感器置于干燥滚筒卸料槽处，测控烘干后卸出的骨料温度

2. 骨料烘干加热供给系统	TH450 型热骨料提升机 链斗宽度：450mm 驱动功率：15kW 提升能力：180t/h 配有带逆止功能的电机减速机
3. 除尘系统	一级除尘： 重力式除尘器 1 个 1.5kW 星型给料机 1 个 4kW 螺旋输料器，回收粗粉至骨料链斗提升机
	二级除尘： 布袋式除尘器 形式：脉冲行吹式 过滤面积：576m² 过滤风速：1.45m/min 过滤风量：54,000m³/h 布袋介质 400 g/m² 除尘效率≤50mg/Nm³ 正常工作温度 100～160℃，瞬间最高耐温 220℃ 1 个 1.5kW 星型给料机 2 个 4kW 螺旋输料器，回收细粉至粉料链斗提升机
	1 台引风机，功率 110kW
	1 个直径 1.05m，高 8m 的烟筒
4. 搅拌塔系统	振动筛 采用德国技术，5 组筛分 筛分面积：25m² 筛分能力：180t/h（0～3mm 规格料<35%） 驱动方式：双振动轴式 驱动功率：2×11kW 筛体倾角：13°
	热筛分储仓 5 组分，总容积 24m³ 单仓采用料位仪监测料位 气动控制计量卸料门 储仓采用岩棉保温，外壁以坑纹彩色钢板覆盖 单仓均设料位仪，监测料位情况 各仓分别设检查孔 设置溢流工作管路

续表

4. 搅拌塔系统	计量 所有计量秤采用高精度传感器，石料秤采用累加式计量方式，沥青秤采用动态跟踪二次称量，具有手/自动落差修正功能，保证沥青含量偏差在±0.2%范围之内 1 个骨料计量秤 最大称量能力：2000kg，计量单位 1kg 1 个粉料计量秤 最大称量能力：220kg，计量单位 1kg 1 个沥青计量秤，带保温 最大称量能力：200kg，计量单位 0.1kg，带有防溢装置
	粉料计量后输送 将粉秤卸出料输送至搅拌缸 1 个螺旋输料器 功率：4kW
	沥青计量后输送 1 套保温工作管路及附件
	搅拌 1 台双卧轴搅拌缸 搅拌能力 2000kg/批次 搅拌周期 45s/批次 双电机减速机驱动，功率 2×37kW 桨臂、桨叶和衬板采用耐磨材料，寿命达 10^5 批次
	搅拌塔支撑 1 套搅拌塔底支撑 接料高度 4m
	维护及安全 1 套平台、护栏及梯子
5. 气动控制系统	1 台螺杆式空气压缩机站 能力 4m³/min 功率 22kW 2 个储气筒，单筒容量 300L 单元含气缸、电磁阀、三联体、气动工作管路及附件等，用来完成搅拌塔各开门动作和除尘器布袋清灰
6. 粉料供给系统	新粉供给 1 个 30m³ 新粉仓，吹送上粉，设进粉管 2 个料位仪 6 个助流气碗，分别用于新粉仓和回收粉过渡仓卸料口破拱

续表

6. 粉料供给系统	2 个 DN250 手动蝶阀
	2 个 DN200 螺旋输料器，单机功率 4kW，称新粉和回收粉
	2 个 DN200 气动蝶阀，称新粉和回收粉
	3 个电磁阀
	1 个仓顶除尘器
	1 个安全阀
	回收粉供给
	1 个 20m³ 回收粉仓，设有排粉管
	2 个料位仪
	6 个助流气碗，用于卸料口破拱
	1 个蝶阀配于卸料口
	1 个 TH250 型回收粉链斗提升机，功率 7.5kW
	1 个 DN200 螺旋输料器，功率 2.2kW，循环回收粉
	1 个 DN200 螺旋输料器，功率 2.2kW，收集自布袋机的回收粉
	1 个电磁阀，用于助流气碗破拱
7. 沥青保温及加热系统	储存及输送
	2 个卧式沥青保温罐，单罐容量 50,000L
	1 个 3,000L 的沥青接卸槽
	1 个 7.5kW 保温沥青泵，能力 27m³/h，用于接卸沥青
	1 个 5.5kW 保温沥青泵，能力 23m³/h，用于计量沥青
	1 个泵载气控三通阀，用于沥青计量和循环转换
	1 个油水分离器
	1 个电磁阀
	1 套沥青工作管路及附件
	加热
	1 台 500,000kcal/h 的燃油型导热油炉，配备进口燃烧器
	2 个导热油循环泵，功率 2×15kW
	1 套控制柜、电缆及附件
	1 套热油工作管路及附件
8. 成品料储存系统（选购）	成品料储仓
	采用搅拌塔底置式
	储存能力为 50t，含废料仓，其容积为 6m³
	采用岩棉保温
	卸料门采用气动方式卸料，并具备电加热功能
9. 电气控制系统	1 个中央控制室
	1 套 PC 控制台
	1 套采用德国 SIEMENS 组件的 PLC 控制柜

续表

	1 套电气拖动柜组
	1 套动力电缆及辅件
	1 套控制电缆及辅件
	1 台立式冷暖空调
9. 电气控制系统	1 套沥青混合料生产工艺流程控制单元
	PLC 建立在 SIEMENS 平台上，PC 控制采用 Windows XP 和专业控制平台，可实现沥青混合料生产工艺全过程的自动控制和手动控制
	严格按照配方要求生产，动画显示工艺流程，参数设定和修改全部通过电脑完成。具有配方输入存储、落差修正、时间调节、校秤、油石比动态跟踪、故障自动诊断、自动报警、数据报表的打印及存储等功能

3.3.3　设备平面布置图

A2000 型设备的平面布置图及三维模型图分别如图 3.21 和图 3.22 所示。

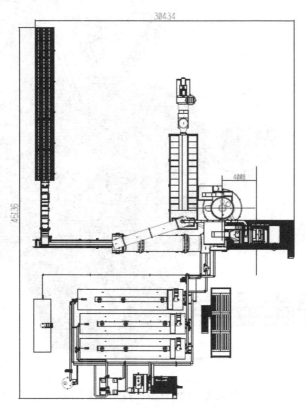

图 3.21　A2000 型设备平面布置图（单位：mm）

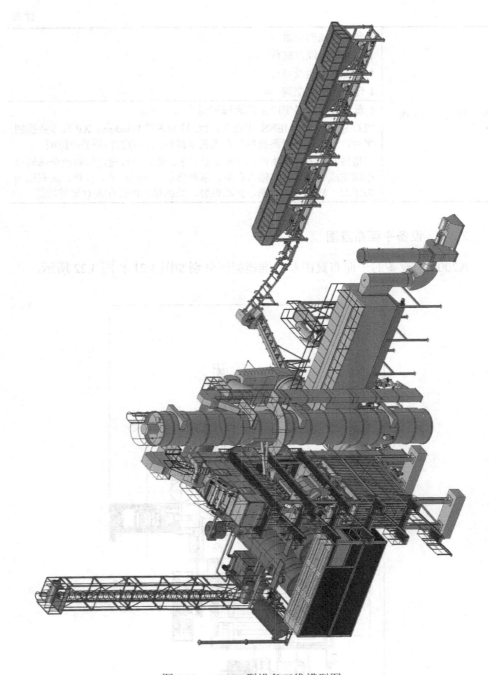

图 3.22　A2000 型设备三维模型图

3.4 A3000 型沥青混合料拌合设备

3.4.1 设备组成

与 A2000 型沥青混合料拌合设备相比较，A3000 型沥青混合料拌合设备的不同点在于以下几个方面。

3.4.1.1 冷料供给系统

冷料供给系统有 5 个冷料斗，每个冷料斗上配有 2 个 0.2kW 的振动器，斗宽 3.6m，上料高度 3.2m，单斗容量 14m³。平皮带机和斜皮带机的生产能力最大为 260t/h。

3.4.1.2 骨料烘干加热供给系统

（1）干燥滚筒的外形尺寸为：直径 2.5m，长度 9.6m。物料最大加热能力为 260t/h。

（2）燃烧器。燃烧器有两种可选择方案：

配置方案 1：燃油型燃烧器。

采用数字式变频燃烧器，可燃柴油、重油及渣油，燃烧器节能，调节比大 10:1，温控精度高，并配备有超温自动保护装置。燃料消耗率 ≤6.5kg/t 混合料（46,055JK/kg 标油）在干燥滚筒卸料槽内，装有温度传感器，用于自动控制出料温度，控制台控制点火、熄火、控温及温度显示。

燃料供给单元包括工作管路及附件等。

配置方案 2：燃气型燃烧器。

由燃气型燃烧器、工作管路等环节组成。燃气消耗量 213～2130m³，燃气阀组口径为 DN100。

燃气燃烧器采用气环式雾化方式，满足低氮氧化物排放，风机采用变频控制，燃料调节比为 1:10，采用电子比例调节方式，启动平稳，控制精度高。燃烧器为紧凑型一体机，易于系统连接，外观设计新颖。

3.4.1.3 除尘系统

布袋除尘采用脉冲行吹技术，总过滤面积为 896m², 引风机的功率为 132kW。

3.4.1.4 拌合楼系统

（1）热筛分储仓。热筛分储仓分 5 个仓隔，总容积为 36m³。

（2）计量搅拌单元。三个称重传感器将沥青秤体悬于机架下，由气控沥青保温蝶阀控制计量和卸沥青。计量循环用气控三通阀以及工作管路均由导热油提供保温。

（3）搅拌缸。采用欧式技术的搅拌器，搅拌能力为3000kg，循环周期为45s，如图3.23所示。

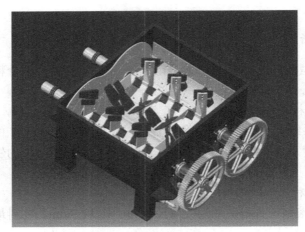

图3.23 A3000型设备搅拌器

采用德国技术的硬齿面电机减速机为搅拌器提供动力，如图3.24所示。

图3.24 A3000型设备电机减速机

3.4.1.5 气动控制系统

A3000型设备的气动控制系统由螺杆式空压机、储气罐、气缸、三联体、电磁阀、工作管路及附件等组成，如图3.25所示。

3.4.1.6 粉料供给系统

链斗提升机提送新粉至1个60m^{3}新粉仓，通过螺旋输送器送至粉料秤。布袋除尘器回收的细粉经螺旋输送器和链斗提升机至1个60m^{3}回收粉仓，如图3.26所示。

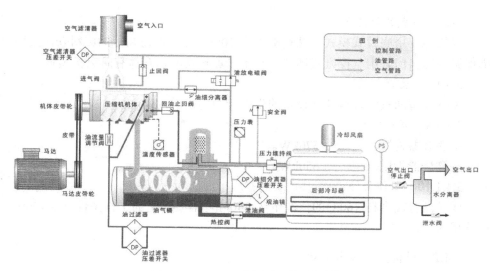

图 3.25　A3000 型设备气动控制系统

图 3.26　A3000 型设备粉料供给系统

3.4.1.7 成品料储仓

采用搅拌塔底置式模式，储存能力为100t，含容积为8m³的废料仓，采用岩棉保温。卸料门采用气控方式卸料，具备电加热功能，仓体有防离析装置。

3.4.1.8 生产能力

A3000型沥青混合料拌合设备的生产能力为180～240t/h。

3.4.1.9 装机容量

主燃烧器为燃油型，约570kW。

主燃烧器为燃煤型，约650kW。

3.4.1.10 工作条件

成品沥青混合料160℃的情况下达240t/h，需要满足的工作条件与A1000型设备相同。

3.4.2 设备主要技术参数

A3000型设备各组成单元的技术参数见表3.5。

表 3.5 A3000 型设备技术参数

1. 冷料供给系统	5 只冷料斗。单斗容积 14m³ 3.6 m × 3.2 m（宽×高） 2 个 200W 的振动电机装在砂仓和石屑仓上 5 个粗废料隔离网，安装于冷料斗的进口 5 组断料自动报警装置
	5 台变频调速给料机 5×2.2kW 电机减速机提供动力 控制台集中控制各个给料机 调整被动轮轴承座以调整皮带张紧度 650mm 宽裙边皮带
	1 台平皮带机 平皮带宽度 650mm，电机功率 5.5kW，输送能力 260t/h
	1 台斜皮带机 斜皮带宽度 650mm，电机功率 5.5kW，输送能力 260t/h 调整被动轮轴承座以调整皮带张紧度 重型槽钢制成的底盘和支架
	急停按钮装置 大料剔除装置
2. 骨料烘干加热供给系统	干燥滚筒烘干能力 260t/h，当含水量≤3%时 干燥筒尺寸 2.5m × 9.6m（直径×长度） 4 轮摩擦驱动，功率 4 × 18.5kW 筒壁采用岩棉保温

续表

2. 骨料烘干加热供给系统	方案 1：燃油 采用数字式变频燃烧器 可燃柴油、重油或渣油，控制台控制点火、熄火、控温及温度显示，配有超温自动保护装置，具有节能、低噪音、比例全自动控制等特点 鼓风机电机功率 22kW 燃料消耗率≤6.5kg/t 混合料（46,055JK/kg 标油） 燃油泵，电机功率 2.2kW 通过装在干燥滚筒卸料槽内温度传感器自动控制出料温度 1 台 5m³ 螺杆式空压机站，提供空气动力雾化燃油 1 套供油管路
	方案 2：燃气 由燃气型燃烧器、工作管路组等环节组成 燃气消耗量为 213~2130m³，燃气阀组口径为 DN100 燃气燃烧器采用气环式雾化方式，满足低氮氧化物排放，风机采用变频控制，燃料调节比为 1:10，采用电子比例调节方式，启动平稳，控制精度高 燃烧器为紧凑型一体机，易于系统连接，外观设计新颖
	骨料测温 1 个温度传感器置于干燥滚筒卸料槽处，测控烘干后骨料温度
	TH500 型热骨料提升机 链斗宽度：500mm 驱动功率：30kW 提升能力：260t/h 配有带逆止功能的电机减速机
3. 除尘系统	一级除尘： 重力式除尘器 1 个 1.5kW 星型给料机 1 个 3kW 螺旋输料器，回收粗粉至骨料链斗提升机
	二级除尘： 布袋式除尘器 形式：脉冲行吹式 过滤面积：896m² 过滤风速：1.45m/min 过滤风量：80,300m³/h 布袋介质：400 g/m² 除尘效率≤50mg/Nm³ 正常工作温度 100~160℃，瞬间最高耐温 220℃

续表

3. 除尘系统	2 个 1.5kW 星型给料机
	2 个 2.2kW 螺旋输料器,回收细粉至粉料链斗提升机
	1 台引风机,功率 132kW
	1 个直径 1.2m,高 6m 的烟筒
4. 搅拌塔系统	振动筛 采用德国技术,5 组筛分 筛分面积:28m² 筛分能力:260t/h(0~3mm 规格料<35%) 驱动方式:双振动轴式 驱动功率:2×15kW 筛体倾角:13°
	热筛分储仓 5 组分,总容积 36m³ 单仓采用料位仪监测料位 气动控制计量卸料门 储仓采用岩棉保温,外壁以坑纹彩色钢板覆盖 单仓均设料位仪,监测料位情况 各仓分别设检查孔 设置溢流工作管路
	计量 所有计量秤采用高精度传感器,石料秤采用累加式计量方式,沥青秤采用动态跟踪二次称量,具有手/自动落差修正功能,保证沥青含量偏差在±0.2%范围之内 1 个骨料计量秤 最大称量能力:3000kg,计量单位 1kg 1 个粉料计量秤 最大称量能力:330kg,计量单位 1kg 1 个沥青计量秤,带保温 最大称量能力:300kg,计量单位 0.1kg,带有防溢装置
	粉料计量后输送 将粉秤卸出料输送至搅拌缸 1 个螺旋输料器 功率:5.5kW
	沥青计量后输送,采用自流式 1 只保温气控蝶阀 1 套保温工作管路及附件

4. 搅拌塔系统	搅拌 1 台双卧轴搅拌缸 搅拌能力 3000kg/批次 搅拌周期 45s/批次 双电机减速机驱动，功率 2×37kW 桨臂、桨叶和衬板采用耐磨材料，寿命达 10^5 批次
	搅拌塔支撑 1 套搅拌塔底支撑 接料高度 4m
	维护及安全 1 套平台、护栏及梯子
5. 气动控制系统	1 台螺杆式空气压缩机站 能力 $5.0m^3/min$ 功率 30kW 3 个储气筒，单筒容量 300L 单元含气缸、电磁阀、三联体、气动工作管路及附件等，用来完成搅拌塔各点开门动作和除尘器布袋清灰
6. 粉料供给系统	新粉供给 1 个 $60m^3$ 新粉仓，包含 2 个料位仪和 6 个助流气垫，设进粉管输送方式：采用外来罐车吹送 1 台 TH250 型粉料链斗提升机，功率 7.5kW 1 个 DN300 手动蝶阀，配于卸料口 1 个 DN200 螺旋输料器，功率 2.2kW 1 个 DN250 气动蝶阀 1 个 DN300 星型给料机 2 个料位仪 1 个仓顶脉冲布袋除尘器 1 个压力安全阀
	回收粉供给 1 个 $60m^3$ 回收粉仓，包含 2 个料位仪，设有排粉管 1 个 DN300 手动蝶阀配于卸料口 1 个 TH250 型回收粉链斗提升机，功率 7.5kW 2 个 DN200 螺旋输料器，功率 2.2kW 2 个 DN300 星型给料机 1 个仓顶收尘器 2 个 DN250 气动蝶阀

7. 沥青保温及加热系统	储存及输送环节 3 个卧式沥青保温罐，单罐容量 50,000L 1 个 5,000L 的沥青接卸槽 1 个 7.5kW 保温沥青泵，能力 27m³/h，用于接卸沥青 1 个 7.5kW 保温沥青泵，能力 27m³/h，用于计量沥青 1 套沥青工作管路及附件
	加热环节 1 台 800,000kcal/h 的燃油型导热油炉，配备进口燃烧器 2 个导热油循环泵，功率 2×15kW 1 套控制柜、电缆及附件 1 套热油工作管路及附件
8. 成品料储存系统	成品料储仓 采用搅拌塔底置式 储存能力为 100t，含废料仓，其容积为 8m³ 采用岩棉保温 卸料门采用气动方式卸料，具有电加热功能
9. 电气控制系统	1 个中央控制室 1 套 PC 控制台 1 套采用德国 SIEMENS 组件的 PLC 控制柜 1 套电气拖动柜组 1 套动力电缆及辅件 1 套控制电缆及辅件 1 台立式冷暖空调
	1 套沥青混合料生产工艺流程控制单元 PLC 建立在 SIEMENS 平台上，PC 控制采用 Windows XP 和专业控制平台，可实现沥青混合料生产工艺全过程的自动控制和手动控制 严格按照配方要求生产，动画显示工艺流程，参数设定和修改全部通过电脑完成。具有配方输入存储、落差修正、时间调节、校秤、油石比动态跟踪、故障自动诊断、自动报警、数据报表的打印及存储等功能

3.4.3　设备平面布置图

A3000 型设备的平面布置图如图 3.27 所示。

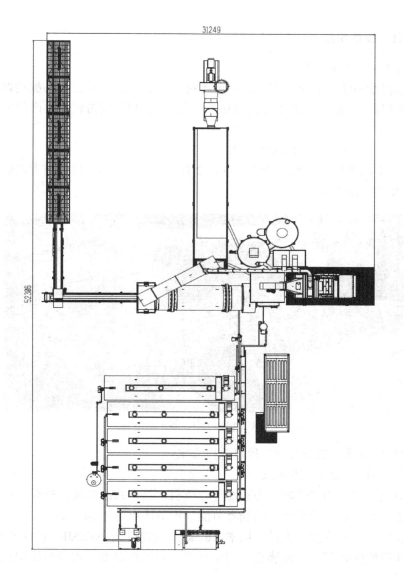

图 3.27　A 3000 型设备平面布置图（单位：mm）

3.5　A4000 型沥青混合料拌合设备

与 A3000 型沥青混合料拌合设备相比较，A4000 型沥青混合料拌合设备的不同点在于以下几个方面。

3.5.1 设备组成

3.5.1.1 冷料供给系统

冷料供给系统有 6 个冷料斗，每个冷料斗上配有 2 个 0.2kW 的振动器，斗宽 3.6m，上料高度 3.2m，单斗容量 15m³。平皮带机和斜皮带机的生产能力最大为 320t/h。

3.5.1.2 骨料烘干加热供给系统

（1）干燥滚筒的外形尺寸为：直径 2.75m，长度 11m。物料最大加热能力为 320t/h，如图 3.28 所示。

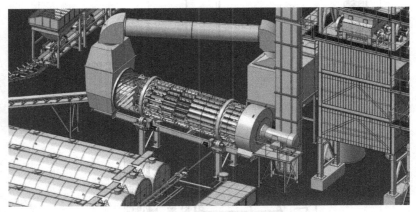

图 3.28　A4000 型设备干燥滚筒

（2）燃烧器。燃烧器有三种可选择方案：

配置方案 1：燃油型燃烧器

采用数字式变频燃烧器，为紧凑型一体机，易于系统连接，外观设计新颖。

可燃柴油、重油及渣油，燃烧器节能，调节比可达 1:10，温控精度高，并配备有超温自动保护装置。燃料消耗率≤6.5kg/t 混合料（46,055JK/kg 标油）。在干燥滚筒卸料槽内装有温度传感器，用于自动控制出料温度，控制台控制点火、熄火、控温及温度显示。

燃料供给单元包括工作管路及附件等。

配置方案 2：燃气型燃烧器

由燃气型燃烧器、工作管路等环节组成。燃气消耗量为 278～2780m³，燃气阀组口径为 DN100。

燃气燃烧器采用气环式雾化方式，满足低氮氧化物排放，风机采用变频控制，燃料调节比为 1:10，采用电子比例调节方式，启动平稳，控制精度高。

配置方案 3：油气两用燃烧器

3.5.1.3 除尘系统

布袋除尘采用脉冲行吹技术，总过滤面积为 1200m^2，引风机的功率为 200kW。

3.5.1.4 拌合楼系统

（1）振动筛。采用德国技术的 6 层振动筛，双振动轴驱动，可筛分出 6 种不同规格的骨料，如图 3.29 所示。欧式技术的轴承浸油润滑模式使维修保养十分方便。

（a）

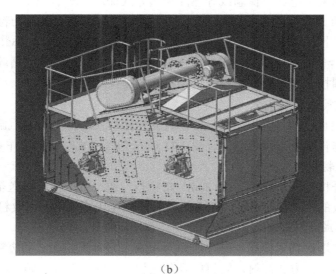

（b）

图 3.29 A4000 型设备振动筛

电机座采用瑞典 ROSTA 弹性模块减震和消除内应力，如图 3.30 所示。振动轴用油浴润滑，采用偏心轴+偏心块组合提供激振力。

图 3.30　A4000 型设备电机座

（2）热筛分储仓。热筛分储仓分 6 个仓隔，总容积为 60m³。1 号、2 号料仓的卸料门采用双气缸控制方式，实现减小飞溅料差和实现精确计量。

（3）计量搅拌单元。骨料秤采用双秤的计量方式，缩短了骨料计量时间；沥青秤体采用电加热保温或导热油加热方式保温，骨料秤采用双秤模式，双接口密封防尘，气动控制卸料门能快速将骨料注入搅拌缸。

沥青秤体采用电加热保温或导热油加热方式保温，称后沥青卸出采用保温蝶阀控制以自流方式卸沥青至搅拌缸内。秤容按施工工艺要求以沥青最大添加量10%设计，秤上装有浮子开关用来防止溢秤，提供了方便校秤的小装置。

（4）搅拌缸。采用欧式技术的搅拌器，搅拌能力为 4000kg，循环周期为 45s。采用德国技术硬齿面电机减速机为搅拌器提供动力。

3.5.1.5　气动控制系统

A4000 型设备的气动控制系统由螺杆式空压机站、储气罐、气缸、三联体、电磁阀、工作管路及附件等组成。图 3.31 所示为螺杆式空压机工作系统原理图。

3.5.1.6　粉料供给系统

链斗提升机提送新粉至 1 个 80m³ 新粉仓，通过螺旋输料器送至粉料秤。布袋除尘器回收的细粉经螺旋输料器和链斗提升机至 1 个 80m³ 回收粉仓。

3.5.1.7　成品料储仓

采用搅拌塔底置式模式，储存能力为 100t，含容积为 8m³ 的废料仓，采用岩棉保温。采用气控方式卸料，卸料门具备电加热功能，仓体有防离析装置。

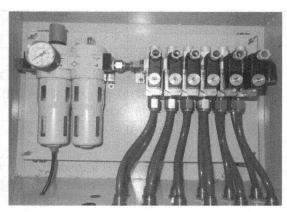

（a）　　　　　　　　　　　　　　（b）

图 3.31　螺杆式空压机工作系统原理图

3.5.1.8　生产能力

A4000 型沥青混合料拌合设备的生产能力为 280～320t/h。

3.5.1.9　装机容量

主燃烧器为燃油型：约 710kW。

主燃烧器为燃煤型：约 795kW。

3.5.1.10　工作条件

成品沥青混合料 160℃的情况下达 320t/h，需要满足的工作条件与 A1000 型设备相同。

3.5.2　设备主要技术参数

A4000 型设备各组成单元的技术参数见表 3.6。

表 3.6　A4000 型设备技术参数

1. 冷料供给系统	6 只冷料斗，单斗容积 15m³
	3.6 m × 3.2 m（宽×高）
	2 个 200 瓦的振动电机装在砂仓和石屑仓上
	6 个粗废料隔离网，安装于冷料斗的进口
	6 组断料自动报警装置
	6 台变频调速给料机
	6×2.2kW 电机减速机提供动力
	控制台集中控制各个给料机
	调整被动轮轴承座以调整皮带张紧度
	800mm 宽裙边皮带

1. 冷料供给系统	1 台平皮带机 平皮带宽度 800mm，电机功率 7.5kW，输送能力 320t/h
	1 台斜皮带机 斜皮带宽度 800mm，电机功率 7.5kW，输送能力 320t/h 调整被动轮轴承座以调整皮带张紧度 重型槽钢制成的底盘和支架
	急停按钮装置 大料剔除装置
2. 骨料烘干加热供给系统	干燥滚筒烘干能力 320t/h，当含水量≤3%时 干燥筒尺寸 2.75m×11m（直径×长度） 4 轮摩擦驱动，功率 4×22kW 筒壁采用岩棉保温
	方案：重渣油燃烧器 采用数字式变频燃烧器。燃烧器为紧凑型一体机，易于系统连接，外观设计新颖 燃油 可燃柴油、重油或渣油，控制台控制点火、熄火、控温及温度显示，配有超温自动保护装置，具有节能、低噪音、比例全自动控制等特点 鼓风机电机功率 30kW 燃料消耗率≤6.5kg/t 混合料（46,055JK/kg 标油） 燃油泵，电机功率 2.2kW 通过装在干燥滚筒卸料槽内温度传感器自动控制出料温度 1 台 6m³/min 螺杆式空压机站，功率 37kW，提供空气动力雾化燃油 1 个 300 L 储气罐 2 个卧式重油、渣油保温罐，单罐容量 50,000L（选购） 1 套燃油工作管路及附件
	骨料测温 1 个温度传感器置于干燥滚筒卸料槽处，测控烘干后骨料温度
	SNSE340 型热骨料提升机 链斗宽度：600mm 驱动功率：45kW 提升能力：340t/h 配有带逆止功能的电机减速机
3. 除尘系统	一级除尘： 重力式除尘器 1 个 1.5kW 星型给料机 1 个 4kW 螺旋输料器，回收粗粉至骨料链斗提升机

续表

3. 除尘系统	二级除尘： 布袋式除尘器 形式：脉冲行吹式 过滤面积：1200m² 过滤风速：1.45m/min 过滤风量：104,400m³/h 布袋介质：400 g/m² 除尘效率≤25mg/Nm³（水洗料） 正常工作温度100～160℃，瞬间最高耐温220℃ 2 个布袋除尘器舱内锥底螺旋输料器（4kW+5.5kW） 2 个 1.5kW 星型给料机
	1 台引风机，功率200kW，变频控制
	1 个直径 1.3m 高 6m 的烟筒
4. 搅拌塔系统	振动筛 采用德国技术，6 组筛分 筛分面积：53m² 筛分能力：320t/h（0～3mm 规格料<35%） 驱动方式：双振动轴式 驱动功率：2×18.5kW 筛体倾角：13°
	热筛分储仓 6 组分，总容积 60m³ 单仓采用连续式料位仪监测料位 气动控制计量卸料门 储仓采用岩棉保温，外壁以坑纹彩色钢板覆盖 单仓均设料位仪，监测料位情况 各仓分别设检查孔 设置溢流工作管路
	计量 所有计量秤采用高精度传感器，石料秤采用双秤和累加式计量方式，沥青秤采用动态跟踪二次称量，具有手/自动落差修正功能，保证沥青含量偏差在±0.2%范围之内 2 个骨料计量秤 合计最大称量能力：4000kg，计量单位 1kg 1 个粉料计量秤 最大称量能力：480kg，计量单位 1kg 1 个沥青计量秤，带保温 最大称量能力：400kg，计量单位 0.1kg，带有防溢装置

4．搅拌塔系统	粉料计量后输送 将粉秤卸出料输送至搅拌缸 1 个螺旋输料器，功率：4kW
	沥青计量后输送 1 个 DN200 气动保温蝶阀 1 套保温工作管路及附件
	搅拌 1 台双卧轴搅拌缸 搅拌能力 4000kg/批次 搅拌周期 45s/批次 双电机减速机驱动，功率 2×45kW 桨臂、桨叶和衬板采用耐磨材料，寿命达 10^5 批次
	搅拌塔支撑 1 套搅拌塔底支撑 接料高度 4m
	维护及安全 1 套平台、护栏及梯子
5．气动控制系统	1 台螺杆式空气压缩机站 能力 6.0m³/min 功率 37kW 2 个储气筒，单筒容量 300L 本单元含气缸、电磁阀、三联体、气动工作管路及附件等，用来完成搅拌塔各开门动作和除尘器布袋清灰
6．粉料供给系统	新粉供给 1 个 80m³ 新粉仓，设进粉管 2 个料位仪 6 个助流气碗 3 个电磁阀 2 个 DN300 手动蝶阀配于新粉卸料口和回收粉过渡仓卸料口 2 个 DN250 气动蝶阀用于称新粉和回收粉 2 个 DN250 螺旋输料器，功率 4kW，用于称新粉和回收粉 1 个仓顶脉冲除尘器 1 个安全阀
	回收粉供给 1 个 80m³ 回收粉仓，设有排粉管 2 个料位仪 6 个助流气碗

续表

6. 粉料供给系统	1 个电磁阀 1 个 TH315 型回收粉链斗提升机,功率 11kW 1 个 DN300 手动蝶阀配于卸料口 2 个螺旋输料器,功率 4kW,回收细粉至粉料链斗提升机 1 个螺旋输料器,功率 4kW,循环回收粉
7. 沥青保温及 加热系统	储存及输送环节 4 个卧式沥青保温罐,单罐容量 50,000L 1 个 3,000L 的沥青接卸槽 1 个 11kW 保温沥青泵,能力 36m³/h,用于接卸沥青 1 个 11kW 保温沥青泵,能力 36m³/h,用于计量沥青 1 套沥青工作管路及附件
	加热环节 1 台 1,000,000kcal/h 的燃油型导热油炉,配备进口燃烧器 2 个导热油循环泵,功率 2×22kW(1 主循环+1 备用) 1 套控制柜、电缆及附件 1 套热油工作管路及附件
8. 成品料储存 系统	成品料储仓 采用搅拌塔底置式,2 个成品仓隔,中间含 1 个溢流仓隔和 1 个废料仓隔 储存能力为 100t,含废料仓,其容积为 8m³ 拥有防离析装置 采用岩棉保温 4 个卸料门,采用气动方式卸料,成品仓卸料门具有电加热功能
	料位转换斗车 1 个接料位转换用小车,气动控制 2 个气缸 2 个电磁阀
9. 电气控制系统	1 个中央控制室 1 套 PC 控制台 1 套采用德国 SIEMENS 组件的 PLC 控制柜 1 套电气拖动柜组 1 套动力电缆及辅件 1 套控制电缆及辅件 1 台立式冷暖空调
	1 套沥青混合料生产工艺流程控制单元 PLC 建立在 SIEMENS 平台上,PC 控制采用 Windows XP 和专业控制平台,可实现沥青混合料生产工艺全过程的自动控制和手动控制

9. 电气控制系统	严格按照配方要求生产，动画显示工艺流程，参数设定和修改全部通过电脑完成。具有配方输入存储、落差修正、时间调节、校秤、油石比动态跟踪、故障自动诊断、自动报警、数据报表的打印及存储等功能

3.5.3 设备平面布置图

A4000型设备平面布置图和三维模型图分别如图3.32、图3.33和图3.34所示。

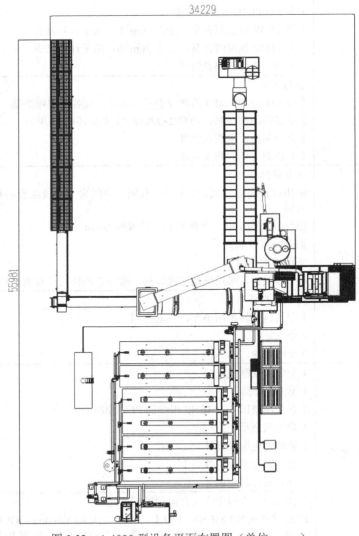

图 3.32　A 4000 型设备平面布置图（单位：mm）

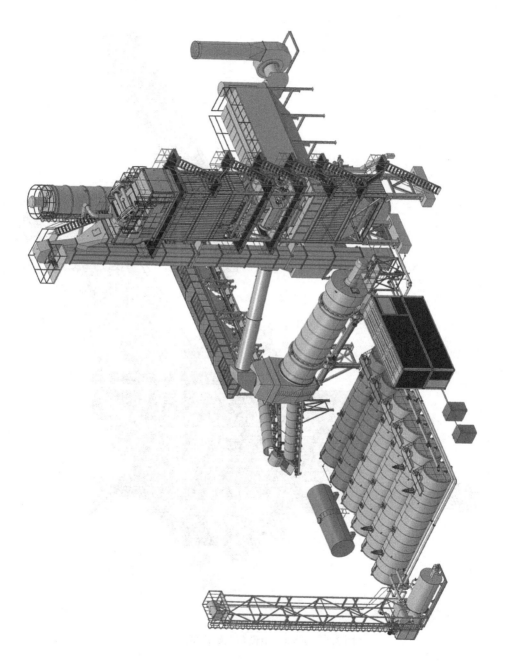

图 3.33　A4000 型设备三维模型图（一）

图 3.34 A4000 型设备三维模型图（二）

3.6　A5000 型沥青混合料拌合设备

与 A4000 型沥青混合料拌合设备相比较，A5000 型沥青混合料拌合设备的不同点在于以下几个方面。

3.6.1　设备组成

3.6.1.1　冷料供给系统
平皮带机和斜皮带机的生产能力最大为 400t/h。

3.6.1.2　骨料烘干加热供给系统
（1）干燥滚筒的外形尺寸为：直径 2.9m，长度 11m。物料最大加热能力为 400t/h。

（2）燃烧器。与 A2000 型设备相同，可提供燃重油、燃煤、燃气、油气两用 4 种方案供用户选择。

3.6.1.3　除尘系统
除尘单元由两级系统构成，一级重力式除尘器、二级布袋式除尘器，如图 3.35 所示。布袋除尘采用脉冲行吹技术，总过滤面积为 1400m^2，引风机的功率为 220kW。

图 3.35　A5000 型设备除尘系统

3.6.1.4　生产能力
A5000 型沥青混合料拌合设备的生产能力为 360～400t/h。

3.6.1.5　装机容量
主燃烧器为燃油型，约 850kW。

3.6.1.6　工作条件

成品沥青混合料 160℃的情况下达 400t/h，需要满足的工作条件与 A1000 型设备相同。

3.6.2　设备主要技术参数

A5000 型设备各组成单元的技术参数见表 3.7。

表 3.7　A5000 型设备技术参数

1．冷料供给系统	6 只冷料斗，单斗容积 15m³
	3.6 m × 3.2 m （宽×高）
	2 个 200W 的振动电机装在砂仓和石屑仓上
	6 个粗废料隔离网，安装于冷料斗的进口
	6 组断料自动报警装置
	6 台变频调速给料机
	6×2.2kW 电机减速机提供动力
	控制台集中控制各个给料机
	调整被动轮轴承座以调整皮带张紧度
	800mm 宽裙边皮带
	1 台平皮带机
	平皮带宽度 800mm，电机功率 7.5kW，输送能力 420t/h
	1 台斜皮带机
	斜皮带宽度 800mm，电机功率 7.5kW，输送能力 420t/h
	调整被动轮轴承座以调整皮带张紧度
	重型槽钢制成的底盘和支架
	急停按钮装置
	大料剔除装置
2．骨料烘干加热供给系统	干燥滚筒烘干能力 420t/h，当含水量≤3%时
	干燥筒尺寸 2.9m × 11m（直径×长度）
	4 轮摩擦驱动，功率 4 × 30kW
	筒壁采用岩棉保温
	方案：燃重油型数字式变频燃烧器
	可燃柴油、重油或渣油，控制台控制点火、熄火、控温及温度显示，配有超温自动保护装置，具有节能、低噪音、比例全自动控制等特点
	鼓风机电机功率 30kW
	燃料消耗率≤6.5kg/t 混合料（46,055JK/kg 标油）
	燃油泵，电机功率 2.2kW
	通过装在干燥滚筒卸料槽内温度传感器自动控制出料温度
	1 台 6m³ 螺杆式空压机站，提供空气动力雾化燃油
	1 个 300L 储气罐

续表

2．骨料烘干加热供给系统	2 个卧式重油、渣油保温罐，单罐容量 50,000L
	1 套燃油工作管路及附件
	1 个燃油过滤器
	骨料测温
	1 个温度传感器置于干燥滚筒卸料槽处，测控烘干后骨料温度
	RT800 型板链式热骨料提升机
	链斗宽度：800mm
	驱动功率：45kW
	提升能力：420t/h
	配有带逆止功能的电机减速机
3．除尘系统	一级除尘：
	重力式除尘器
	1 个行星给料机，功率 1.5kW
	1 个 DN250 功率为 4kW 的螺旋输料器，回收粗粉至骨料链斗提升机
	二级除尘：
	布袋式除尘器
	形式：脉冲行吹式
	过滤面积：1400m²
	过滤风速：1.45m/min
	过滤风量：140,400m³/h
	布袋介质：450g/m²
	除尘效率≤25mg/Nm³
	正常工作温度 90～120℃，瞬间最高耐温 220℃
	2 个布袋除尘器舱内锥底螺旋输料器（4kW+5.5kW）
	2 个 1.5kW 星型给料机
	1 台引风机，功率 200kW，变频控制
	1 个直径 1.3m、高 6m 的烟筒
4．拌合楼系统	振动筛
	采用德国技术，6 组筛分
	筛分面积：56m²
	筛分能力：420t/h（0～3mm 规格料<35%）
	驱动方式：双振动轴式
	驱动功率：2×22kW
	筛体倾角：13°
	热筛分储仓
	6 组分，总容积 60m³
	单仓设置连续式料位仪，监测料位情况

4. 拌合楼系统	气动控制计量，采用双卸料门 储仓采用 100mm 岩棉保温，彩板外表 各仓设置检查孔 设置溢流工作管路
	计量 所有计量秤采用高精度传感器，石料秤采用双秤和累加式计量方式，沥青秤采用动态跟踪二次称量，具有手/自动落差修正功能，保证沥青含量偏差在±0.2%范围之内 骨料秤：采用双秤计量 合计最大称量能力：5000kg，计量单位 1kg 粉料计量秤 最大称量能力：600kg，计量单位 1kg 保温沥青计量秤 最大称量能力：600kg，计量单位 0.1kg，带有防溢装置
	粉料计量后输送 将粉秤卸出料输送至搅拌缸 1 个螺旋输料器 功率：5.5kW
	沥青计量后输送 2 个沥青喷射泵，总能力 88m³/h 1 套保温工作管路及附件
	搅拌 1 台双卧轴搅拌缸 搅拌能力 5500kg/批次 搅拌周期 45s/批次 双电机减速机驱动，功率 2×55kW 桨臂、桨叶和衬板采用耐磨材料，寿命达 10^5 批次
	搅拌塔支撑 1 套搅拌塔底支撑 接料高度 4m
	维护及安全 1 套平台、护栏及梯子
5. 气动控制系统	1 台螺杆式空气压缩机站，能力 6.0m³/min，功率 37kW 2 个储气筒，单筒容量 300L 1 套气缸、电磁阀、三联体、气动工作管路及附件等，用来完成搅拌塔各开门动作和除尘器布袋清灰

续表

6. 粉料供给系统	新粉供给和回收粉过渡
	1 个 80m³ 新粉仓，设进粉管
	2 个料位仪
	6 个助流气碗，双卸料口各 3 个，用于锥部破拱
	2 个手动蝶阀配于新粉卸料口和回收粉过渡仓卸料口
	1 个 DN300 螺旋输料器，功率 5.5kW，称新粉
	1 个 DN300 气动蝶阀用于称新粉
	1 个 DN250 螺旋输料器，功率 5.5kW，称回收粉
	1 个 DN250 气动蝶阀用于称回收粉
	4 个电磁阀分别控制新粉和回收粉计量及 2 个锥体卸料口部位气吹破拱装置
	1 个仓顶脉冲除尘器
	1 个安全阀
	回收粉供给
	1 个 80m³ 回收粉仓，设有排粉管
	2 个料位仪
	6 个助流气碗，用于锥部破拱
	1 个电磁阀提供气流给助流气碗
	1 个 DN300 手动蝶阀配于卸料口
	1 个 DN250 螺旋输料器，功率 4kW，实现回收粉循环
	1 个 TH315 型功率 11kW 链斗提升机运送回收粉至过渡斗
	2 个 DN250 螺旋输料器，功率 4kW，输送来自除尘器的回收粉至斗提机
	1 个 DN250 蝶阀用于卸出回收粉
7. 沥青保温及加热系统	储存及输送环节
	4 个卧式沥青保温罐，单罐容量 50,000L
	1 个 3,000L 的沥青接卸槽
	1 个 11kW 保温沥青泵，能力 44m³/h，用于接卸沥青
	1 个 11kW 保温沥青泵，能力 44m³/h，用于计量沥青
	1 套沥青工作管路及附件
	加热环节
	1 台 1,000,000kcal/h 的燃重油型导热油炉，配备进口燃烧器
	2 个导热油循环泵，功率 2×22kW（1 主循环+1 备用）
	1 套控制柜、电缆及附件
	1 套热油工作管路及附件

8. 成品料储存系统	成品料储仓 采用搅拌塔底置式 储存能力为 100t，含废料仓，其容积为 8m³ 拥有防离析装置 采用岩棉保温 采用气动方式卸料，卸料门具有电加热功能
	运转料车 运送能力 5000kg，电机减速机驱动，功率 5.5kW，气动控制卸料
9. 电气控制系统	1 个中央控制室 1 套 PC 控制台 1 套采用德国 SIEMENS 组件的 PLC 控制柜 1 套电气拖动柜组 1 套动力电缆及辅件 1 套控制电缆及辅件 1 台立式冷暖空调 1 套监控系统
	1 套沥青混合料生产工艺流程控制单元 PLC 建立在 SIEMENS 平台上，PC 控制采用 Windows XP 和专业控制平台，可实现沥青混合料生产工艺全过程的自动控制和手动控制 严格按照配方要求生产，动画显示工艺流程，参数设定和修改全部通过电脑完成。具有配方输入存储、落差修正、时间调节、校秤、油石比动态跟踪、故障自动诊断、自动报警、数据报表的打印及存储等功能

3.6.3 设备平面布置图

A5000 型设备平面布置图和主视图分别如图 3.36 和图 3.37 所示。

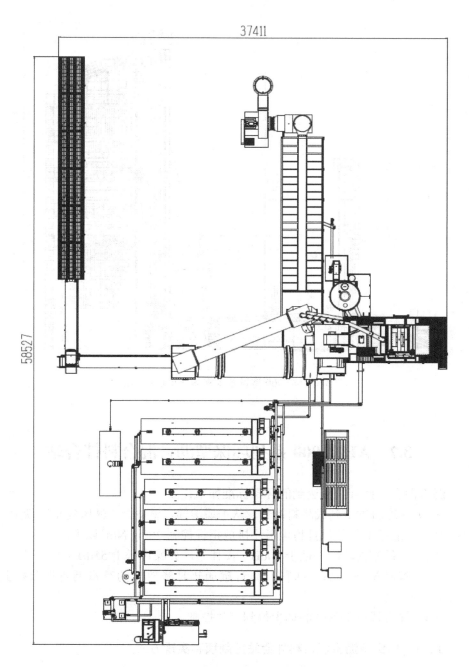

图 3.36 A5000 型设备平面布置图（单位：mm）

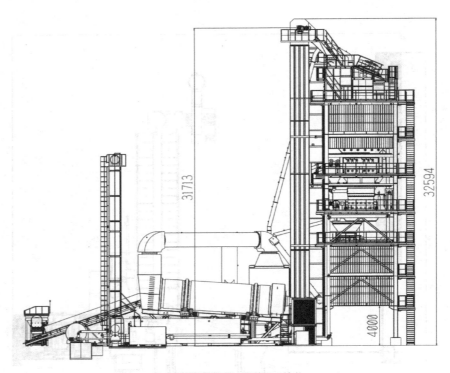

图 3.37　A5000 型设备主视图（单位：mm）

3.7　AHB2000 系列环保型沥青混合料拌合站

沥青混合料拌合站应达到的环保标准如下：

（1）从冷料供给到成品料卸料，从干燥滚筒、燃烧器、鼓风到布袋除尘、引风的全环境洁净工作条件且粉尘最终排放指标控制 20mg/Nm³ 以下。

（2）操作室内的噪声低于 70dB，搅拌站厂界噪声低于 55dB。

（3）搅拌缸或成品仓卸料、沥青罐加热时释放出的有毒沥青烟气得到有效控制。

（4）拌合楼排干料时的烟尘得到有效控制。

3.7.1　环保型沥青混合料拌合站控制项和实现方式

AHB2000 环保型沥青混合料拌合站如图 3.38 所示。

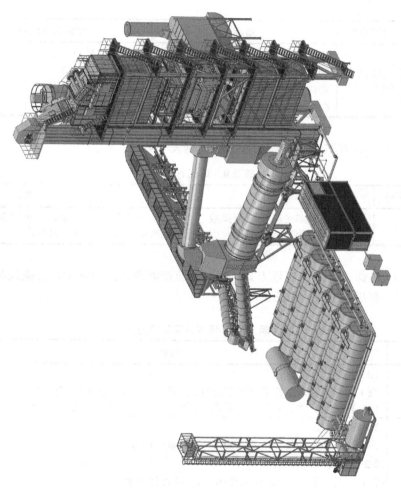

图 3.38　AHB2000 系列设备模型图

（1）环保控制项。环保型沥青混合料拌合站的环保控制项见表 3.8。

表 3.8　环保控制项

序号	控制项	指标	控制点或位置
1	控制粉尘排放	全设备 20mg/Nm³	自冷料供给、干燥加热、除尘、拌合楼、气动、粉料供给、沥青供给、成品料储存、控制全部九个环节，具体见表 3.10
2	控制噪音	控制室室内噪声 70db 以下 搅拌站厂界噪声 55db 以下	控制室内 拌合厂

序号	控制项	指标	控制点或位置
3	消除沥青烟等	执行城市环保标准 GB16297－1996 国家大气污染物综合排放标准 GB3095－1996 环境空气质量标准	搅拌缸卸料口 成品料仓卸料口 沥青罐上排气口 重油罐上排气口

（2）环保方案选项。环保方案选项见表 3.9。

表 3.9　环保方案选项

方案序号	项	内容	备注
1	按处理点，点对点采取方案措施	根据排放点、噪音点或烟气排放点，点对点采取措施处理	效果好，可取舍造价合理，易操作

（3）环保方案措施实现方式。环保型沥青混合料拌合站主要性能控制项和环保方案措施实现方式，见表 3.10。

表 3.10　环保方案实现方式

序号	内容
1	1.1 生产能力 施工材料符合规范标准前提下的设备生产能力 120～160t/h，全电脑自动控制，可任意转换全自动、手动控制模式，5 组分筛分，可满足任何等级公路的要求
2	2.1 筛分精度 保证生产能力的筛分效率＞90%，混仓率＜10% 2.2 计量精度 静态：骨料秤±0.1%、粉料秤±0.1%、沥青秤±0.1% 动态：骨料秤±1.0%、粉料秤±1.0%、沥青秤±0.30% 油石比误差控制小于±0.3% 2.3 温度控制精度 使用一体化数控变频重渣油燃烧机的温控精度为±1℃
3	燃料消耗 标准工况下，每吨成品料油耗低于 6.5kg；气耗 6Nm³/t 成品料
4	环保控制 4.1 控尘 烟筒处粉尘排放指标≤20mg/Nm³ 4.1.1 主除尘器 采用 896 ㎡ 的布袋除尘器

序号	内容
4	4.1.2 冷料上料端
	方案：冷料斗扣棚加引风负压，平皮带机斜皮带机盖棚
	4.1.3 热骨提
	上盖加装引风道吸尘
	4.1.4 振动筛
	上盖加装引风道吸尘
	4.1.5 搅拌塔
	搅拌塔封闭，内置引风道吸尘
	4.1.6 溢流道
	溢流道卸料口加装引风道吸尘
	4.1.7 成品料卸料
	卸料口周边设置可控引风道，吸尘
	4.2 降噪
	4.2.1 控制室
	采用加厚隔音控制室，保持设备工作时的室内噪声不高于 70dB
	4.2.2 燃烧器
	采用数控轴流式一体机，加装高效消音器，加装隔音墙
	4.2.3 干燥滚筒
	干燥滚筒卸料口采用夹套式内填岩棉隔音卸料口
	4.2.4 热骨提
	机体及卸料溜道采用岩棉外包隔音
	4.2.5 拌合楼
	振动筛外敷隔音保温层，其余采用全封闭模式隔音、降噪
	4.2.6 溢流道
	采用双层隔套式溢流管、隔音溢流料暂存箱
	4.2.7 引风机
	采用变频控制略去风门降噪，引风机出风口与烟筒接口处加装消音器
	4.2.8 空压机
	采用螺杆式空压机降噪，用户为空压机盖房降噪
	4.3 除沥青烟、沥青或重油散发蒸汽
	4.3.1 成品卸料位沥青烟
	采用拢烟罩和可控吸烟风道回收沥青烟工作时送至干燥滚筒燃烧器端复烧
	4.3.2 沥青罐、重油罐处沥青、重油蒸发气体
	选用专门的除沥青烟、除异味装置

续表

序号	内容
5	工作条件 5.1 在成品沥青混合料 160℃的情况下达 160t/h，具体如下： 5.1.1 骨料含水量≤3% 5.1.2 环境温度+0℃～+50℃ 5.1.3 海拔高度≤1000m 5.1.4 冷骨料平均密度比重 1650kg/m³ 5.1.5 燃料热量值≥46,055JK/kg 5.1.6 混合料残余含水量≤0.3% 5.1.7 骨料最大粒径 40mm 5.1.8 3mm 粒料筛分率≤35% 5.1.9 骨料最大含尘量 250mg/Nm³

3.7.1.1　AHB2000 系列设备各系统环保方案

（1）冷料供给系统。冷料供给系统的环保实现方案见表 3.11，布置方案如图 3.39 所示。

表 3.11　冷料供给系统环保实现方案

序号	选项 1	选项 2	分项及内容	备注
1	方案 1 地上布置	方案 1A 地上布置+可控负压	冷料斗组位于地上，整体扣棚 平皮带机、斜皮带机扣棚	常规布置模式 易于搬迁

图 3.39　冷料供给系统布置

（2）骨料烘干加热供给系统。骨料烘干加热供给系统的环保实现方案见表 3.12，布置方案如图 3.40 所示。

表 3.12　骨料烘干加热供给系统的环保实现方案

序号	项目	分项及内容	备注
1	燃烧器	采用数控变频轴流风机式一体机	●降噪
		采用高效消音器	
2	重油供给	可选用等离子体沥青烟气净化机,除烟、蒸汽、吸味	●除重油挥发蒸汽 ●除异味
3	干燥滚筒	滚筒筒壁外覆厚的保温岩棉	●隔音降噪
		滚筒燃烧器端前脸采用双层板	
		卸料溜道采用夹套式溜道	
4	热骨料提升机	采用板链式提升机,采用重力式卸料,有效降低噪声	●控尘 ●隔音降噪
		采用夹套式卸料道	
		箱体外敷保温岩棉,彩板外包	

图 3.40　骨料烘干加热供给系统布置

（3）除尘系统。除尘系统的环保实现方案见表 3.13,布置方案如图 3.41 所示。

表 3.13　除尘系统的环保实现方案

序号	项目	分项及内容	备注
1	1 号主除尘器单元	布袋面积 896m^2	●控尘,实现 20mg/Nm^{3}排放 ●消音降噪
		引风机采用变频控制,略去风门有效降噪	
		引风机出口端采用高效消音器	

续表

序号	项目	分项及内容	备注
2	2 号辅除尘器单元	布袋面积 432m²	●有效收集来自冷料供给环节产生的烟尘
		引风机采用变频控制,略去风门有效降噪	
		引风机出口端采用高效消音器	●消音降噪

图 3.41　除尘系统的布置

（4）拌合楼系统。拌合楼系统的环保实现方案见表 3.14。

表 3.14　拌合楼系统的环保实现方案

序号	项目	分项及内容	备注
1	振动筛	采用低噪音振动筛设计模式	●控尘 ●隔音降噪
		振筛机壳外敷岩棉,彩板包皮	
		筛壳顶部装有负压除尘管	
2	筛分仓	仓体外敷后的保温岩棉,彩板外包	●节能 ●控尘 ●降噪
		采用双层式溢流管	
		内置负压管	
		仓体机架彩板外封装	
3	计量搅拌	单元机架外封彩板	●控尘 ●降噪 ●节能 ●提高稳定性和计量精度除沥青烟
		内置负压	
		沥青秤采用自流式,略去喷射泵,节电、去噪声	
		搅拌缸外敷岩棉保温外罩,隔热隔音	
		搅拌缸卸料口周边设置吸尘、吸烟道	

（5）气动控制系统。气动控制系统的环保实现方案见表 3.15，布置方案如图

3.42 所示。

表 3.15　气动控制系统的环保实现方案

序号	项目	分项及内容	备注
1	空压机	采用螺杆式空压机，较活塞机而言除效率高稳定性好以外，噪音也小很多	●降噪
2	空压机房	提供给客户空压机房方案	●隔尘 ●降噪
3	电磁阀	加装消音器 提供集控气动箱	●隔尘 ●降噪
4	气缸	采用缓冲式气缸	●降噪

图 3.42　气动控制系统的布置

（6）粉料供给系统。粉料供给系统的环保实现方案见表 3.16，布置方案如图 3.43 所示。

表 3.16　粉料供给系统的环保实现方案

序号	项目	分项及内容	备注
1	粉料仓	增大仓顶除尘呼吸器过滤面积	●控尘
		增大输送通道截面积，提高粉料输送的流畅性	
		锥部破拱气吹装置	
2	螺旋输料器	采用 WAM 或 SICOMA 低噪音螺旋输料器，采用好的密封结构	●环节控尘

序号	项目	分项及内容	备注
3	星型给料机	采用高质量星型给料机，提高接口的密封能力	●环节控尘
4	蝶阀	采用 WAM 或 SICOMA 蝶阀，保证接口间的密封能力	●控尘

图 3.43　粉料控制系统的布置

（7）沥青供给系统。沥青供给系统的环保实现方案见表 3.17，布置方案如图 3.44 所示。

表 3.17　沥青供给系统的环保实现方案

序号	项目	分项及内容	备注
1	沥青罐	可选用等离子沥青烟气净化机	●清除加热时产生的沥青挥发蒸汽 ●除异味
2	沥青泵	扣上隔音外罩	●降噪
3	工作管路	保温岩棉外包	●隔热 ●降噪

图 3.44　沥青供给系统的布置

图 3.45 所示为等离子体沥青烟气净化机的净化原理图，图 3.46 所示为等离子体沥青烟气净化机。

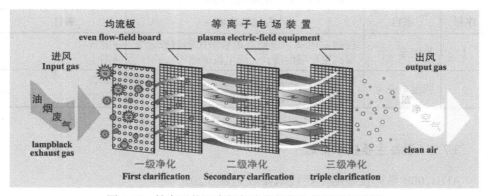

图 3.45　等离子体沥青烟气净化机的净化原理示意图

图 3.46　等离子体沥青烟气净化机

（8）成品料储存系统。成品料储存系统的环保实现方案见表 3.18。

表 3.18　成品料储存系统的环保实现方案

序号	项目	分项及内容	备注
1	卸料口	卸料口周围设置引风道 接料位上缘设置拢烟罩	●吸沥青烟 ●吸尘

（9）电气控制系统。电气控制系统的环保实现方案见表 3.19。

表 3.19　电气控制系统的环保实现方案

序号	项目	分项及内容	备注
1	控制室	控制室四壁、顶棚及地板采用隔音设计方案；窗户采用隔音、隔尘玻璃结构	●隔音 ●隔尘
2	强弱电分室	控制室内用隔断将强弱电分开，提高操作安全性的同时，降低了操作手的耳边噪声	●隔音 ●隔尘

3.7.2　设备主要技术参数

AHB2000 系列设备的主要技术参数见表 3.20。

表 3.20　AHB2000 系列设备主要技术参数

1．冷料供给系统	5 只冷料斗。单斗容积 8m³
	3.6 m × 3.2 m（宽×高）
	2 个 200W 的振动电机装在砂仓和石屑仓上
	5 个粗废料隔离网，安装于冷料斗的进口
	5 组断料自动报警装置
	5 台变频调速给料机
	5×2.2kW 电机减速机提供动力
	控制台集中控制各个给料机
	调整被动轮轴承座以调整皮带张紧度
	650mm 宽裙边皮带
	1 台平皮带机
	平皮带宽度 650mm，电机功率 5.5kW，输送能力 180t/h
	1 台斜皮带机
	斜皮带宽度 650mm，电机功率 5.5kW，输送能力 180t/h
	调整被动轮轴承座以调整皮带张紧度
	重型槽钢制成的底盘和支架
	急停按钮装置
	大料剔除装置
	环保方案及措施
	1.冷料斗处
	1.1 方案：盖棚加负压
	2.平皮带机和斜皮带机除
	2.1 方案：盖棚加负压
2.骨料烘干加热供给系统	干燥滚筒烘干能力 180t/h，当含水量≤3%时
	干燥筒尺寸 1.9m × 9.7m（直径×长度）
	4 轮摩擦驱动，功率 4 × 15kW
	筒壁采用岩棉保温，白钢板外包皮
	方案：油气两用
	采用数控变频轴流风机一体化燃烧机，节约燃油和燃气，易于系统连接，外观设计新颖，简洁美观
	燃油功能部分
	可燃柴油、重油或渣油，控制台控制点火、熄火、控温及温度显示，配有超温自动保护装置，具有节能、低噪音、比例全自动控制等特点
	鼓风机电机功率 15kW
	燃料消耗率≤6.5kg/t 混合料（46,055JK/kg 标油）
	燃油泵，电机功率 2.2kW
	通过装在干燥滚筒卸料槽内温度传感器自动控制出料温度

2.骨料烘干加热供给系统	1 台 4m³/min 螺杆式空压机站，提供空气动力雾化燃油
	燃气功能部分
	采用气环式雾化方式燃气，满足低氮氧化物排放，燃气消耗量为 140～1400m³
	风机采用变频控制，燃料调节比为 1:10，采用电子比例调节方式，启动平稳，控制精度高
	1 个卧式重油保温罐，单罐容量 50,000L（选购件，燃油时选用）
	1 套燃油工作管路及附件
	骨料测温
	1 个温度传感器置于干燥滚筒卸料槽处，测控烘干后骨料温度
	环保方案及措施
	1.燃烧器
	2.干燥滚筒外壁覆盖 50mm 厚的保温岩棉，实现隔音降噪和保温
	TH450 型热骨料提升机
	链斗宽度：450mm
	驱动功率：18.5kW
	提升能力：180t/h
	配有带逆止功能的电机减速机
3.除尘系统	一级除尘：
	重力式除尘器
	1 个 1.1kW 星型给料机
	1 个 4kW 螺旋输料器，回收粗粉至骨料链斗提升机
	二级除尘：
	布袋式除尘器
	形式：脉冲行吹式
	过滤面积：896m²
	过滤风速：1.4m/min
	过滤风量：80,400m³/h
	布袋介质：400 g/m²
	除尘效率≤20mg/Nm³
	正常工作温度 100～160℃，瞬间最高耐温 220℃
	2 个布袋除尘器舱内锥底螺旋输料器（4kW+5.5kW）
	2 个 1.5kW 星型给料机
	2 个 4kW 螺旋输料器，回收细粉至粉料链斗提升机
	1 台引风机，功率 132kW，变频控制
	引风机出风口加装消音器

续表

3. 除尘系统	1 个直径 1.5m、高 16m 的烟筒
	（选购）
	1 套沥青烟尘净化设备，功率 22kW
	1 套冷料供给除尘装置（含 1 台 432m² 的布袋除尘器，1 台 55kW 引风机，1 台 4kW 导尘螺旋输料器）
	1 套加湿装置（包含 TH250 斗提、50m³ 粉仓、螺旋输料器、加湿器及架）
	环保方案及措施 1.布袋除尘器过滤面积 896m² 2.引风机采用变频控制略去风门，有效降噪；引风机出口端加装消音器有效控制噪声 3.提供粉料加湿装置，有效消除回粉扬尘现象 4.提供第二个作为辅助除尘的独立的布袋除尘单元，消除来自冷料系统，搅拌塔排料、排粉时产生的尘 5.作为选购部分，提供沥青烟净化设备，消除来自沥青混合料搅拌成品卸料时产生的沥青烟，沥青罐在加热保温时产生的沥青蒸汽，重油罐在加热保温时产生的沥青蒸汽
4. 拌合楼系统	**振动筛** 采用德国技术，5 组筛分 筛分面积：25m² 筛分能力：180t/h（0～3mm 规格料<35%） 驱动方式：双振动轴式 驱动功率：2×11kW 筛体倾角：13° **加装隔音外罩，顶部安装负压除尘管**
	热筛分储仓 5 组分，总容积 24m³ 单仓采用料位仪监测料位 气动控制计量卸料门 储仓采用岩棉保温，外壁以坑纹彩色钢板覆盖 采用连续式料位仪监测料位情况 各仓分别设检查孔 设置溢流工作管路 **总成全封闭**
	计量 所有计量秤采用高精度传感器，骨料秤采用双秤和累加式计量方式，沥青秤采用动态跟踪二次称量，具有手/自动落差修正功能，保证沥青含量偏差在±0.2%范围之内。骨料秤采用内置负压装置

4. 拌合楼系统	1 个骨料计量秤 合计最大称量能力：2000kg，计量单位 1kg 1 个粉料计量秤 最大称量能力：220kg，计量单位 1kg 1 个沥青计量秤，带保温 最大称量能力：200kg，计量单位 0.1kg，带有防溢装置 骨料秤采用保温外罩减少热损并降噪
	粉料计量后输送 将粉秤卸出料输送至搅拌缸 1 个螺旋输料器 功率：4kW
	沥青计量后输送 1 个 DN200 气动保温蝶阀 1 套保温工作管路及附件
	搅拌 1 台双卧轴搅拌缸 搅拌能力 2000kg/批次 搅拌周期 45s/批次 双电机减速机驱动，功率 2×37kW 桨臂、桨叶和衬板采用耐磨材料，寿命达 10^5 批次 搅拌缸卸料口设置有拢烟罩和负压装置，吸尘、吸烟
	搅拌塔支撑 1 套搅拌塔底支撑 接料高度 4m
	维护及安全 1 套平台、护栏及梯子，踏步及踏板均采用镀锌工艺
	环保方案及措施 1.搅拌塔塔身全封闭，提供负压环境，隔尘降噪 2.采用板链式热骨料提升机，跌落式卸料，降低噪声，机壳外包保温岩棉，彩板包皮，保温、隔音，卸料道采用双层夹套式，采用岩棉保温盒隔音 3.筛分仓采用 100mm 厚岩棉，隔音隔热 4.骨料秤上下接口密封处，采用强化型软连接方式，密封良好 5.搅拌缸和成品仓卸料口，外敷可控负压引风道，回收卸料时产生的粉尘和沥青烟，粉尘收至除尘器 6.释放成品时产生的沥青烟，通过专门的负压风道送至干燥滚筒主燃烧器所在的前脸处，送入筒内复烧；或者选配专门的除沥青烟装置，清除沥青烟

续表

4. 拌合楼系统	1 台螺杆式空气压缩机站，能力 4.0m³/min，功率 22kW 3 个储气筒，单筒容量 300L 本单元含气缸、电磁阀、三联体、气动工作管路及附件等，用来完成搅拌塔各开门动作和除尘器布袋清灰
5. 气动控制系统	环保方案及措施 1.采用螺杆式空压机降低噪声 2.为客户提供方案，设建空压机房防尘隔音
	新粉供给 1 个 30m³ 新粉仓，吹送上粉，设进粉管 2 个料位仪 6 个助流气碗，分别用于新粉仓和回收粉过渡仓卸料口破拱 2 个 DN250 手动蝶阀 2 个 DN200 螺旋输料器，单机功率 4kW，称新粉和回收粉 2 个 DN200 气动蝶阀，称新粉和回收粉 3 个电磁阀 1 个仓顶除尘器 1 个安全阀
6. 粉料供给系统	回收粉供给 1 个 20m³ 回收粉仓，设有排粉管 2 个料位仪 6 个助流气碗，用于卸料口破拱 1 个蝶阀配于卸料口 1 个 TH250 型回收粉链斗提升机，功率 7.5kW 1 个 DN200 螺旋输料器，功率 2.2kW，循环回收粉 1 个 DN200 螺旋输料器，功率 2.2kW，收集自布袋机的回收粉 1 个电磁阀，用于助流气碗破拱
	环保方案及措施 1.采用有效的密封方式处理罐、蝶阀、螺旋输料器、链斗提升机间的接口 2.采用 20m² 的仓顶除尘器提供足够的有效面积实现粉仓内呼吸的平衡 3.提供回收粉加湿装置，有效清除弃用的回收粉，避免扬尘
	储存及输送环节 2 个卧式沥青保温罐，单罐容量 50,000L 1 个 3,000L 的沥青接卸槽 1 个 11kW 保温沥青泵，能力 44m³/h，用于接卸沥青 1 个 5.5kW 保温沥青泵，能力 23m³/h，用于计量沥青 1 套沥青工作管路及附件

7. 沥青保温及加热系统	加热环节 1 台 500,000kcal/h 的燃油型导热油炉,配备进口油气两用燃烧器 2 个导热油循环泵,功率 2×15kW(1 主循环+1 备用) 1 套控制柜、电缆及附件 1 套热油工作管路及附件
	环保方案及措施 1.选配,采用专门的沥青烟处理装置,清除沥青烟,原理及解释见前序 2.沥青泵扣罩,降低噪声
	成品料储仓 采用搅拌塔底置式 储存能力为 50t,含废料仓,其容积为 8m³ 拥有防离析装置 采用岩棉保温 采用气动方式卸料,卸料门具有电加热功能
8. 成品料储存系统	环保方案及措施 1.成品仓卸料口,外敷可控负压引风道,回收卸料时产生的粉尘和沥青烟,粉尘收至第二辅助除尘器 2.释放成品时产生的沥青烟,通过专门的负压风道送至干燥滚筒主燃烧器所在的前脸处,送入筒内复烧;或者选配专门的除沥青烟装置,清除沥青烟,详见相应说明 1 个中央控制室 1 套 PC 控制台 1 套采用台湾 SIEMENS 组件的 PLC 控制柜 1 套电气拖动柜组 1 套动力电缆及辅件 1 套控制电缆及辅件 1 台立式冷暖空调
9. 电气控制系统	1 套沥青混合料生产工艺流程控制单元。 PLC 建立在 SIEMENS 平台上,PC 控制采用 Windows XP 和专业控制平台,可实现沥青混合料生产工艺全过程的自动控制和手动控制 严格按照配方要求生产,动画显示工艺流程,参数设定和修改全部通过电脑完成。具有配方输入存储、落差修正、时间调节、校秤、油石比动态跟踪、故障自动诊断、自动报警、数据报表的打印及存储等功能
	环保方案及措施 1.控制室采用加厚壁墙,隔音玻璃窗 2.强电和弱电分室布置,PC 主机置于操作台下方,隔音降噪

需要额外说明的是：在设计时，注意预留 AHB2000 主站与 RHB120 沥青旧料再生拌合站方案功能和位置接口。

3.7.3 AHB2000 系列沥青混合料拌合设备功率

AHB2000 系列沥青混合料拌合站各组成单元的功率见表 3.21。

表 3.21 AHB2000 系列设备组成单元功率

序号	项目	分项	功率/kW	备注
1	冷料供给系统	皮带给料机	11	5×2.2
2		砂仓振捣器	0.36	2×0.18
3		平皮带机	5.5	
4		斜皮带机	5.5	
5		小计	22.36	
6	骨料加热烘干系统	托轮电机减速机	60	4×15kW
7		燃烧器风机	15	
8		燃烧器加热器	0	6 kW
9		重油泵	3	
10		空气压缩机	22	
11		小计	100	
12	除尘系统	1 号布袋除尘器内螺旋输料器	4	−5.5
13		粗粉星型给料机	1.5	
14		粗粉螺旋输料器	4	
15		细粉星型给料机	1.5	+1.5
6		细粉螺旋输料器 1	4	
17		细粉螺旋输料器 2	4	
18		1 号引风机	132	+1.1
19		回收粉加湿器	15	
20		回收粉加湿斗提机	5.5	
21		回收粉螺旋输料器	3	
22		2 号布袋除尘器内螺旋输料器	5.5	
23		细粉星型给料机	1.5	
24		2 号引风机	75	
25		螺旋输料器 3	3	

续表

序号	项目	分项	功率/kW	备注
26		沥青烟净化装置	22	
27		小计	281.5	
28	拌合楼系统	热骨料链斗提升机	18.5	
29		振动筛	22	2×15kW
30		搅拌缸	74	2×37kW
31		粉送拌缸螺旋输料器	4	
32		小计	118.5	
33	气动控制系统	螺杆式空气压缩机	22	
34		螺杆式空气压缩机	22	
35		小计	44	
36	粉料供给系统	称新粉螺旋输料器	4	
37		新粉循环螺旋输料器	4	
38		回收粉链斗提升机	5.5	
39		称回收粉螺旋输料器	4	
40		小计	17.5	
41	控制室	空调	3.2	2.2+1kW
42		小计	3.2	
	以上功率合计		587.2	
	以下为沥青加热储存供给部分功率			
43	沥青储存加热系统	循环用沥青泵	11	
44		接卸用沥青泵		11kW
45		导热油循环泵1	15	
46		导热油循环泵2		15kW 备用
47		燃烧器风机	7.5	
48		燃油泵	2.2	
49		小计	36	

3.8 AHB3000 系列环保型沥青混合料拌合设备

与 AHB2000 系列环保型沥青混合料拌合设备相比较，AHB3000 系列环保型沥青混合料拌合设备的不同点在于以下几个方面。

3.8.1　环保型沥青混合料拌合站控制项和实现方式

环保方案措施实现方式。AHB3000 系列设备与 AHB2000 系列设备在环保方案措施实现方式的不同点，见表 3.22。

表 3.22　环保方案措施实现方式不同点

序号	内容
1	1.1 生产能力 施工材料符合规范标准前提下的设备生产能力 180～240t/h，全电脑自动控制，可任意转换全自动、手动控制模式，5 组分筛分，可满足任何等级公路的要求
4	环保控制 4.1 控尘 烟筒处粉尘排放指标≤20mg/Nm³ 4.1.1 主除尘器 采用 1200m² 的布袋除尘器
5	5.1 工作条件在成品沥青混合料 160℃的情况下达 240t/h，需要满足的条件与 AHB2000 系列设备相同。

AHB3000 系列设备与 AHB2000 系列设备除尘系统在环保方案的不同点，见表 3.23。

表 3.23　除尘系统环保方案的不同点

序号	项目	分项及内容	备注
1	1 号主除尘器单元	布袋面积 1200m² 引风机采用变频控制，略去风门有效降噪 引风机出口端采用高效消音器	●控尘，实现 20mg/Nm³排放 ●消音降噪
2	2 号辅除尘器单元	布袋面积 768m²	●有效收集来自冷料供给环节产生的烟尘 ●消音降噪

3.8.2　设备主要技术参数

AHB3000 系列设备各组成单元的主要技术参数见表 3.24。

表 3.24　AHB3000 系列设备主要技术参数

1. 冷料供给系统	5 只冷料斗。单斗容积 14m³
	3.6 m × 3.2 m（宽×高）
	2 个 200W 的振动电机装在砂仓和石屑仓上
	5 个粗废料隔离网，安装于冷料斗的进口
	5 组断料自动报警装置
	5 台变频调速给料机
	5×2.2kW 电机减速机提供动力
	控制台集中控制各个给料机
	调整被动轮轴承座以调整皮带张紧度
	650mm 宽裙边皮带
	1 台平皮带机
	平皮带宽度 650mm，电机功率 5.5kW，输送能力 260t/h
	1 台斜皮带机
	斜皮带宽度 650mm，电机功率 5.5kW，输送能力 260t/h
	调整被动轮轴承座以调整皮带张紧度
	重型槽钢制成的底盘和支架
	急停按钮装置
	大料剔除装置
	环保方案及措施
	冷料斗处
	1.1 方案：盖棚加负压
	平皮带机和斜皮带机除
	2.1 方案：盖棚加负压
2. 骨料烘干加热供给系统	干燥滚筒烘干能力 260t/h，当含水量≤3%时
	干燥筒尺寸 2.5m × 9.6m（直径×长度）
	4 轮摩擦驱动，功率 4 × 18.5kW
	筒壁采用岩棉保温，白钢板外包皮
	方案：重渣油燃烧器
	采用数控变频轴流风机一体化燃烧机，节约燃油和燃气，易于系统连接，外观设计新颖，简洁美观
	燃油功能部分
	可燃柴油、重油或渣油，控制台控制点火、熄火、控温及温度显示，配有超温自动保护装置，具有节能、低噪音、比例全自动控制等特点
	鼓风机电机功率 22kW
	燃料消耗率≤6.5kg/t 混合料（46,055JK/kg 标油）
	燃油泵，电机功率 2.2kW
	通过装在干燥滚筒卸料槽内温度传感器自动控制出料温度
	1 台 5m³/min 螺杆式空压机站，提供空气动力雾化燃油

续表

2. 骨料烘干加热供给系统	1 个卧式重油保温罐，单罐容量 50,000L（选购件，燃油时选用） 1 套燃油工作管路及附件
	骨料测温 1 个温度传感器置于干燥滚筒卸料槽处，测控烘干后骨料温度
	环保方案及措施 1.燃烧器 采用一体化数控变频轴流风机式燃烧器加上高效消音器，多管齐下，有效降噪 2.干燥滚筒卸料溜道处 采用 50mm 岩棉保温外包，隔音降噪 3.干燥滚筒外壁覆盖 50mm 厚的保温岩棉，实现隔音降噪和保温
3. 除尘系统	一级除尘： 重力式除尘器 1 个 1.1kW 星型给料机 1 个 4kW 螺旋输料器，回收粗粉至骨料链斗提升机
	二级除尘： 布袋式除尘器 形式：脉冲行吹式 过滤面积：$1200m^2$ 过滤风速：1.4m/min 过滤风量：$83,400m^3/h$ 布袋介质：$400 g/m^2$ 除尘效率≤$20mg/Nm^3$ 正常工作温度 100～160℃，瞬间最高耐温 220℃ 2 个布袋除尘器舱内锥底螺旋输料器（4kW+5.5kW） 2 个 1.5kW 星型给料机 2 个 4kW 螺旋输料器，回收细粉至粉料链斗提升机
	1 台引风机，功率 160kW，变频控制 引风机出风口加装消音器
	1 个直径 1.5m，高 16m 的烟筒
	（选购） 1 套沥青烟尘净化设备，功率 22kW
	1 套冷料供给除尘装置（含 1 台 $768m^2$ 的布袋除尘器，1 台 75kW 引风机，1 台 4kW 导尘螺旋输料器）
	1 套加湿装置（包含 TH250 斗提、$50m^3$ 粉仓、螺旋输料器、加湿器及架）
	环保方案及措施 1.布袋除尘器过滤面积 $1200m^2$

3. 除尘系统	2.引风机采用变频控制略去风门，有效降噪；引风机出口端加装消音器有效控制噪声 3.提供粉料加湿装置，有效消除回粉扬尘现象 4.提供第二个作为辅助除尘的独立的布袋除尘单元，消除来自冷料系统，搅拌塔排料、排粉时产生的尘 5.作为选购部分，提供沥青烟净化设备，消除来自沥青混合料拌合成品卸料时产生的沥青烟，沥青罐在加热保温时产生的沥青蒸汽，重油罐在加热保温时产生的沥青蒸汽
	TH500 型热骨料提升机 链斗宽度：500mm 驱动功率：30kW 提升能力：260t/h 配有带逆止功能的电机减速机
4. 拌合站系统	振动筛 采用德国技术，5 组筛分 筛分面积：28m² 筛分能力：260t/h（0～3mm 规格料<35%） 驱动方式：双振动轴式 驱动功率：2×15kW 筛体倾角：13° 加装隔音外罩，顶部安装负压除尘管
	热筛分储仓 5 组分，总容积 36m³ 单仓采用料位仪监测料位 气动控制计量卸料门 储仓采用岩棉保温，外壁以坑纹彩色钢板覆盖 采用连续式料位仪监测料位情况 各仓分别设检查孔 设置溢流工作管路 总成全封闭
	计量 所有计量秤采用高精度传感器，骨料秤采用双秤和累加式计量方式，沥青秤采用动态跟踪二次称量，具有手/自动落差修正功能，保证沥青含量偏差在±0.2%范围之内。骨料秤采用内置负压装置 1 个骨料计量秤 合计最大称量能力：3000kg，计量单位 1kg 1 个粉料计量秤 最大称量能力：360kg，计量单位 1kg

续表

4. 拌合站系统	1 个沥青计量秤，带保温 最大称量能力：300kg，计量单位 0.1kg，带有防溢装置 骨料秤采用保温外罩减少热损并降噪
	粉料计量后输送 将粉秤卸出料输送至搅拌缸 1 个螺旋输料器 功率：4kW
	沥青计量后输送 1 个 DN200 气动保温蝶阀 1 套保温工作管路及附件
	搅拌 1 台双卧轴搅拌缸 搅拌能力 3000kg/批次 搅拌周期 45s/批次 双电机减速机驱动，功率 2×37kW 桨臂、桨叶和衬板采用耐磨材料，寿命达 10^5 批次 搅拌缸卸料口设置有拢烟罩和负压装置，吸尘，吸烟
	搅拌塔支撑 1 套搅拌塔底支撑 接料高度 4m
	维护及安全 1 套平台、护栏及梯子，踏步及踏板均采用镀锌工艺
	环保方案及措施 1.搅拌塔塔身全封闭，提供负压环境，隔尘降噪 2.采用板链式热骨料提升机，跌落式卸料，降低噪声，机壳外包保温岩棉，彩板包皮，保温、隔音，卸料道采用双层夹套式，采用岩棉保温盒隔音 3.筛分仓采用 100mm 厚岩棉，隔音隔热 4.骨料秤上下接口密封处，采用强化型软连接方式，密封良好 5.搅拌缸和成品仓卸料口，外敷可控负压引风道，回收卸料时产生的粉尘和沥青烟，粉尘收至除尘器 6.释放成品时产生的沥青烟，通过专门的负压风道送至干燥滚筒主燃烧器所在的前脸处，送入筒内复烧；或者选配专门的除沥青烟装置，清除沥青烟
	1 台螺杆式空气压缩机站，能力 5.0m³/min，功率 30kW 3 个储气筒，单筒容量 300L 本单元含气缸、电磁阀、三联体、气动工作管路及附件等，用来完成搅拌塔各开门动作和除尘器布袋清灰

续表

	环保方案及措施
5. 气动控制系统	1.采用螺杆式空压机降低噪声
	2.为客户提供方案，设建空压机房防尘隔音
	新粉供给
	1 个 60m^3 新粉仓，包含 2 个料位仪和 10 个助流气垫，设进粉管
	2 个 DN300 手动蝶阀配于卸料口
	1 个 DN250 气动蝶阀用于称新粉
	1 个 DN250 螺旋输料器，功率 4kW，称新粉用
	1 个 14m^2 仓顶脉冲除尘器
	1 个安全阀
6. 粉料供给系统	回收粉供给
	1 个 60m^3 回收粉仓，包含 2 个料位仪，设有排粉管
	1 个 TH250 型回收粉链斗提升机，功率 11kW
	1 个 DN300 手动蝶阀配于卸料口
	1 个 DN250 气动蝶阀用于称回收粉
	1 个 DN250 螺旋输料器，功率 4kW，称回收粉用
	1 个 DN250 螺旋输料器，功率 4kW，回收粉循环
	环保方案及措施
	1.采用有效的密封方式处理罐、蝶阀、螺旋输料器、链斗提升机间的接口
	2.采用 20m^2 的仓顶除尘器提供足够的有效面积实现粉仓内呼吸的平衡
	3.提供回收粉加湿装置，有效清除弃用的回收粉，避免扬尘
7. 沥青保温及加热系统	储存及输送环节
	3 个卧式沥青保温罐，单罐容量 50,000L
	1 个 3,000 升的沥青接卸槽
	1 个 11kW 保温沥青泵，能力 44m^3/h，用于接卸沥青
	1 个 7.5kW 保温沥青泵，能力 27m^3/h，用于计量沥青
	1 套沥青工作管路及附件
	加热环节
	1 台 800,000kcal/h 的燃油型导热油炉，配备进口油气两用燃烧器
	2 个导热油循环泵，功率 2×22kW（1 主循环+1 备用）
	1 套控制柜、电缆及附件
	1 套热油工作管路及附件
	环保方案及措施
	1.选配，采用专门的沥青烟处理装置，清除沥青烟，原理及解释见前序
	2.沥青泵扣罩，降低噪声
	成品料储仓
	采用搅拌塔底置式

续表

7．沥青保温及加热系统	储存能力为 100t，含废料仓，其容积为 8m³ 拥有防离析装置 采用岩棉保温 采用气动方式卸料，卸料门具有电加热功能
8．成品料储存系统	环保方案及措施 1.成品仓卸料口，外敷可控负压引风道，回收卸料时产生的粉尘和沥青烟，粉尘收至第二辅助除尘器 2.释放成品时产生的沥青烟，通过专门的负压风道送至干燥滚筒主燃烧器所在的前脸处，送入筒内复烧；或者选配专门的除沥青烟装置，清除沥青烟，详见相应说明 1 个中央控制室 1 套 PC 控制台 1 套采用台湾 SIEMENS 组件的 PLC 控制柜 1 套电气拖动柜组 1 套动力电缆及辅件 1 套控制电缆及辅件 1 台立式冷暖空调
9．电气控制系统	1 套沥青混合料生产工艺流程控制单元 PLC 建立在 SIEMENS 平台上，PC 控制采用 Windows XP 和专业控制平台，可实现沥青混合料生产工艺全过程的自动控制和手动控制 严格按照配方要求生产，动画显示工艺流程，参数设定和修改全部通过电脑完成。具有配方输入存储、落差修正、时间调节、校秤、油石比动态跟踪、故障自动诊断、自动报警、数据报表的打印及存储等功能 环保方案及措施 1.控制室采用加厚壁墙，隔音玻璃窗 2.强电和弱电分室布置，PC 主机置于操作台下方，隔音降噪

需要额外说明的是：在设计时，注意预留 AHB3000 主站与 RHB120 沥青旧料再生拌合站方案功能和位置接口。

3.8.3 AHB3000 型沥青混合料拌合设备功率

AHB3000 型沥青混合料拌合站各组成单元的功率见表 3.25。

表 3.25 AHB3000 型设备组成单元功率

序号	项目	分项	功率/kW	备注
1	冷料供给系统	皮带给料机	11	5×2.2
2		砂仓振捣器	0.36	2×0.18

续表

序号	项目	分项	功率/kW	备注
3		平皮带机	5.5	
4		斜皮带机	5.5	
5		小计	22.36	
6	骨料烘干加热系统	托轮电机减速机	88	4×22kW
7		燃烧器风机	22	
8		燃烧器加热器	6	
9		重油泵	3	
10		空气压缩机	30	
11		小计	149	
12	除尘系统	1 号布袋除尘器内螺旋输料器	4	+5.5
13		粗粉星型给料机	1.5	
14		粗粉螺旋输料器	4	
15		细粉星型给料机	1.5	+1.5
16		细粉螺旋输料器 1	4	
17		细粉螺旋输料器 2	4	
18		1 号引风机	160	+1.1
19		回收粉加湿器	15	
20		回收粉加湿斗提机	5.5	
21		回收粉螺旋输料器	3	
22		2 号布袋除尘器内螺旋输料器	5.5	
23		细粉星型给料机	1.5	
24		2 号引风机	75	
25		螺旋输料器 3	3	
26		沥青烟净化装置	22	
27		小计	309.5	
28	拌合楼系统	热骨料链斗提升机	30	
29		振动筛	30	2×15kW
30		搅拌缸	74	2×37kW
31		粉送拌缸螺旋输料器	4	
32		小计	138	

续表

序号	项目	分项	功率/kW	备注
33	气动控制系统	螺杆式空气压缩机	30	
34		螺杆式空气压缩机	30	
35		小计	60	
36	粉料供给系统	称新粉螺旋输料器	4	
37		新粉循环螺旋输料器	4	
38		回收粉链斗提升机	5.5	
39		称回收粉螺旋输料器	4	
40		小计	17.5	
41	控制室	空调	3.2	2.2+1kW
42		小计	3.2	
	以上功率合计		693.2	
以下为沥青加热储存供给部分功率				
43	沥青储存加热系统	循环用沥青泵	11	
44		接卸用沥青泵		11kW
45		导热油循环泵 1	22	
46		导热油循环泵 2		22kW 备用
47		燃烧器风机	7.5	
48		燃油泵	2.2	
49		小计	42.7	

3.9 AHB4000 系列环保型沥青混合料拌合设备

与 AHB3000 系列环保型沥青混合料拌合设备相比较，AHB4000 系列环保型沥青混合料拌合设备的不同点在于以下几个方面。

3.9.1 环保型沥青混合料拌合站控制项和实现方式

（1）环保方案选项。环保方案选项见表 3.26。

表 3.26 环保方案选项

方案序号	项	内容	备注
方案 1	整场封闭	包括沥青站和料场	●整体效果好，造价高

续表

方案序号	项	内容	备注
方案2	独立框架全封闭	仅对搅拌站的九个单元全封闭	●解决了站的问题 ●造价高
方案3	按处理点，点对点采取方案措施	根据排放点、噪音点或烟气排放点，点对点采取措施处理	●效果好，可取舍 ●造价合理，易操作

图 3.47 所示为环保方案选项方案 1：正常封闭与点对点处理。

图 3.47　环保方案选项方案 1

图 3.48 所示为环保方案选项方案 2：AHB4000 系列设备独立框架封闭模式。

图 3.48　环保方案选项方案 2

图 3.49 所示为环保方案选项方案 3：点对点处理环保项，包括粉尘、噪音和烟气控制。

（a）

（b）

图 3.49　环保方案选项方案 3

（2）环保方案措施实现方式。AHB4000 系列设备与 AHB3000 系列设备在环保方案措施实现方式的不同点，见表 3.27。

表 3.27　环保方案措施实现方式不同点

序号	内容
1	1.1　生产能力 施工材料符合规范标准前提下的设备生产能力 280～320t/h，全电脑自动控制，可任意转换全自动、手动控制模式，6 组分筛分，可满足任何等级公路的要求

续表

序号	内容
4	环保控制 4.1 控尘 烟筒处粉尘排放指标≤20mg/Nm³ 4.1.1 主除尘器 采用 1600m² 的布袋除尘器
5	工作条件 5.1 在成品沥青混合料 160℃的情况下达 320t/h，需要满足的条件与 AHB2000 系列设备相同

AHB4000 系列设备与 AHB3000 系列设备各系统在环保方案的不同点，见表 3.28、表 3.29。

（1）冷料供给系统。

表 3.28 冷料供给系统环保方案的不同点

序号	选项 1	选项 2	分项及内容	备注
1	方案 1 地上布置	方案 1A 地上布置+可控负压	冷料斗组位于地上，整体扣棚	常规布置模式 易于搬迁
			平皮带机、斜皮带机扣棚	
2	方案 2 半地上半地下	方案 2A 半地上半地下+可控负压	地上部分露出半个斗体	可降低环保棚高度、不用搭站台容易装料和有效控制扬尘 皮带机维护容易
			平皮带机、斜皮带机位于地下	
3	方案 3 地下布置	方案 3A 地下布置+可控负压	地上部分只露出接料口位置	不用站台，可用装载机或推土机上料
			平皮带机、斜皮带机位于地下	容易装料和有效控制扬尘

（2）除尘系统。

表 3.29 除尘系统环保方案的不同点

序号	项目	分项及内容	备注
1	1 号主除尘器单元	布袋面积 1600m²，比普通机型大 400m²	•控尘，实现 20mg/Nm³ 排放 •消音降噪
		引风机采用变频控制，略去风门有效降噪	
		引风机出口端采用高效消音器	

续表

序号	项目	分项及内容	备注
2	2 号辅除尘器单元	布袋面积 768m²	•有效收集来自冷料供给环节产生的烟尘 •消音降噪

3.9.2 设备主要技术参数

AHB4000 系列设备的主要技术参数见表 3.30。

表 3.30 AHB4000 型设备主要技术参数

1. 冷料供给单元	6 只冷料斗。单斗容积 15m³ 3.6 m×3.2 m（宽×高） 2 个 200W 的振动电机装在砂仓和石屑仓上 6 个粗废料隔离网，安装于冷料斗的进口 6 组断料自动报警装置
	6 台变频调速给料机 6×2.2kW 电机减速机提供动力 控制台集中控制各个给料机 调整被动轮轴承座以调整皮带张紧度 800mm 宽裙边皮带
	1 台平皮带机 平皮带宽度 800mm，电机功率 7.5kW，输送能力 340t/h
	1 台斜皮带机 斜皮带宽度 800mm，电机功率 7.5kW，输送能力 340t/h 调整被动轮轴承座以调整皮带张紧度 重型槽钢制成的底盘和支架
	急停按钮装置 大料剔除装置
	环保方案及措施 冷料斗处 1.1 方案 1 盖棚 1.2 方案 2 盖棚加负压 平皮带机和斜皮带机除 2.1 方案 1 盖棚 2.2 方案 2 盖棚加负压

	干燥滚筒烘干能力 360t/h，当含水量≤3%时
	干燥筒尺寸 2.75m×11m（直径×长度）
	4 轮摩擦驱动，功率 4×22kW
	筒壁采用岩棉保温，白钢板外包皮
2. 骨料烘干加热单元	方案：油气两用
	采用数控变频轴流风机一体化燃烧机，节约燃油和燃气，易于系统连接，外观设计新颖，简洁美观
	燃油功能部分
	可燃柴油、重油或渣油，控制台控制点火、熄火、控温及温度显示，配有超温自动保护装置，具有节能，低噪音，比例全自动控制等特点
	鼓风机电机功率 30kW
	燃料消耗率≤6.5kg/t 混合料（46,055JK/kg 标油）
	燃油泵，电机功率 2.2kW
	通过装在干燥滚筒卸料槽内温度传感器自动控制出料温度
	1 台 6m³/min 螺杆式空压机站，提供空气动力雾化燃油
	燃气功能部分
	采用气环式雾化方式燃气，满足低氮氧化物排放，燃气消耗量为 278～2780m³
	风机采用变频控制，燃料调节比为 1:10，采用电子比例调节方式，启动平稳，控制精度高
	2 个卧式重油保温罐，单罐容量 50,000L（选购件）
	1 套燃油工作管路及附件
	骨料测温
	1 个温度传感器置于干燥滚筒卸料槽处，测控烘干后骨料温度
	环保方案及措施
	燃烧器
	采用数控变频燃烧器加上高效消音器，多管齐下，有效降噪
	干燥滚筒卸料溜道处
	采用 50mm 岩棉保温外包，隔音降噪
	干燥滚筒外壁覆盖 50mm 厚的保温岩棉，实现隔音降噪和保温
3. 除尘单元	一级除尘：
	重力式除尘器
	1 个 1.1kW 星型给料机
	1 个 4kW 螺旋输料器，回收粗粉至骨料链斗提升机
	二级除尘：
	布袋式除尘器
	形式：脉冲行吹式
	过滤面积：1600m²

续表

	过滤风速：1.45m/min
	过滤风量：104,400m³/h
	布袋介质：400 g/m²
	除尘效率≤20mg/Nm³
	正常工作温度 100～160℃，瞬间最高耐温 220℃
	2 个布袋除尘器舱内锥底螺旋输料器（4kW+5.5kW）
	2 个 1.5kW 星型给料机
	2 个 4kW 螺旋输料器，回收细粉至粉料链斗提升机
	1 台引风机，功率 200kW，变频控制
	引风机出风口加装消音器
	1 个直径 1.5m，高 16m 的烟筒
	1 套沥青烟尘净化设备（选购），功率 22kW
3. 除尘单元	1 套冷料供给除尘装置（含 1 台 768m² 的布袋除尘器，1 台 75kW 引风机，1 台 4kW 导尘螺旋输料器）
	1 套加湿装置（包含 TH250 斗提、50m³ 粉仓、螺旋输料器、加湿器及架）
	环保方案及措施
	1.布袋除尘器过滤面积 1600m²，比普通机型沥青站增大 400m²
	2.引风机采用变频控制略去风门，有效降噪；引风机出口端加装消音器有效控制噪声
	3.提供粉料加湿装置，有效消除回粉扬尘现象
	4.提供第二个作为辅助除尘的独立的布袋除尘单元，消除来自冷料系统，搅拌塔排料、排粉时产生的尘
	5.作为选购部分，提供沥青烟净化设备，消除来自沥青混合料拌合成品卸料时产生的沥青烟，沥青罐在加热保温时产生的沥青蒸汽，重油罐在加热保温时产生的沥青蒸汽
	NSE300 型板链式热骨料提升机
	链斗宽度：600mm
	驱动功率：37kW
	提升能力：340t/h
	配有带逆止功能的电机减速机
4. 搅拌塔	振动筛
	采用德国技术，6 组筛分
	筛分面积：53m²
	筛分能力：340t/h（0～3mm 规格料<35%）
	驱动方式：双振动轴式
	驱动功率：2×18.5kW
	筛体倾角：13°
	加装隔音外罩，顶部安装负压除尘管

	热筛分储仓
	6 组分，总容积 60m³
	单仓采用料位仪监测料位
	气动控制计量卸料门
	储仓采用岩棉保温，外壁以坑纹彩色钢板覆盖
	采用连续式料位仪监测料位情况
	各仓分别设检查孔
	设置溢流工作管路
	机架总成全封闭
4. 搅拌塔	计量 所有计量秤采用高精度传感器，骨料秤采用双秤和累加式计量方式，沥青秤采用动态跟踪二次称量，具有手/自动落差修正功能，保证沥青含量偏差在±0.2%范围之内。骨料秤采用内置负压装置 2 个骨料计量秤 合计最大称量能力：4000kg，计量单位 1kg 1 个粉料计量秤 最大称量能力：480kg，计量单位 1kg 1 个沥青计量秤，带保温 最大称量能力：400kg，计量单位 0.1kg，带有防溢装置 骨料秤采用保温外罩减少热损并降噪
	粉料计量后输送 将粉秤卸出料输送至搅拌缸 1 个螺旋输料器 功率：4kW
	沥青计量后输送 1 个 DN200 气动保温蝶阀 1 套保温工作管路及附件
	搅拌 1 台双卧轴搅拌缸 搅拌能力 4000kg/批次 搅拌周期 45s/批次 双电机减速机驱动，功率 2×45kW 桨臂、桨叶和衬板采用耐磨材料，寿命达 10^5 批次 搅拌缸卸料口设置有拢烟罩和负压装置，吸尘，吸烟
	搅拌塔支撑 1 套搅拌塔底支撑 接料高度 4m

4. 搅拌塔	维护及安全
	1 套平台、护栏及梯子，踏步及踏板均采用镀锌工艺
	环保方案及措施
	1.搅拌塔塔身全封闭，提供负压环境，隔尘降噪
	2.采用板链式热骨料提升机，跌落式卸料，降低噪声，机壳外包保温岩棉，彩板包皮，保温、隔音，卸料道采用双层夹套式，采用岩棉保温盒隔音
	3.筛分仓采用 100mm 厚岩棉，隔音隔热
	4.骨料秤上下接口密封处，采用强化型软连接方式，密封良好
	5.搅拌缸侧面和圆弧面处外覆 50mm 厚的保温岩棉，隔热隔音
	6.搅拌缸和成品仓卸料口，外敷可控负压引风道，回收卸料时产生的粉尘和沥青烟，粉尘收至除尘器
	7.释放成品时产生的沥青烟，通过专门的负压风道送至干燥滚筒主燃烧器所在的前脸处，送入筒内复烧；或者选配专门的除沥青烟装置，清除沥青烟
5. 气动单元	1 台螺杆式空气压缩机站，能力 6.0m³/min，功率 37kW
	3 个储气筒，单筒容量 300L
	本单元含气缸、电磁阀、三联体、气动工作管路及附件等，用来完成搅拌塔各开门动作和除尘器布袋清灰
	环保方案及措施
	1.采用螺杆式空压机降低噪声
	2.为客户提供方案，设建空压机房防尘隔音
6. 粉料供给单元	新粉供给
	1 个 80m³ 新粉仓，包含 2 个料位仪和 10 个助流气垫，设进粉管
	2 个 DN300 手动蝶阀配于卸料口
	1 个 DN250 气动蝶阀用于称新粉
	1 个 DN250 螺旋输料器，功率 4kW，称新粉用
	1 个 14m² 仓顶脉冲除尘器
	1 个安全阀
	回收粉供给
	1 个 80m³ 回收粉仓，包含 2 个料位仪，设有排粉管
	1 个 TH250 型回收粉链斗提升机，功率 11kW
	1 个 DN300 手动蝶阀配于卸料口
	1 个 DN250 气动蝶阀用于称回收粉
	1 个 DN250 螺旋输料器，功率 4kW，称回收粉用
	1 个 DN250 螺旋输料器，功率 4kW，回收粉循环

续表

6. 粉料供给单元	环保方案及措施 1.采用有效的密封方式处理罐、蝶阀、螺旋输料器、链斗提升机间的接口。 2.采用 20m² 的仓顶除尘器提供足够的有效面积实现粉仓内呼吸的平衡 3.提供回收粉加湿装置，有效清除弃用的回收粉，避免扬尘
7. 沥青保温及加热单元	储存及输送环节 4 个卧式沥青保温罐，单罐容量 50,000L 1 个 5,000L 的沥青接卸槽 1 个 11kW 保温沥青泵，能力 36m³/h，用于接卸沥青 1 个 11kW 保温沥青泵，能力 36m³/h，用于计量沥青 1 套沥青工作管路及附件
	加热环节 1 台 1,000,000kcal/h 的燃油型导热油炉，配备进口油气两用燃烧器 2 个导热油循环泵，功率 2×22kW（1 主循环+1 备用） 1 套控制柜、电缆及附件 1 套热油工作管路及附件
	环保方案及措施 1.选配，采用专门的沥青烟处理装置，清除沥青烟，原理及解释见前序 2.沥青泵扣罩，降低噪声
8. 成品料储存单元	成品料储仓 采用搅拌塔底置式 储存能力为 100t，含废料仓，其容积为 8m³ 拥有防离析装置 采用岩棉保温 采用气动方式卸料，卸料门具有电加热功能
	环保方案及措施 1.成品仓卸料口，外敷可控负压引风道，回收卸料时产生的粉尘和沥青烟，粉尘收至第二辅助除尘器 2.释放成品时产生的沥青烟，通过专门的负压风道送至干燥滚筒主燃烧器所在的前脸处，送入筒内复烧；或者选配专门的除沥青烟装置，清除沥青烟，详见相应说明
9. 控制单元	1 个中央控制室 1 套 PC 控制台 1 套采用德国 SIEMENS 组件的 PLC 控制柜 1 套可供选配的远程通讯、诊断、控制装置 1 套电气拖动柜组 1 套动力电缆及辅件 1 套控制电缆及辅件 1 台立式冷暖空调

续表

9．控制单元	1 套沥青混合料生产工艺流程控制单元
	PLC 建立在 SIEMENS 平台上，PC 控制采用 Windows XP 和专业控制平台，可实现沥青混合料生产工艺全过程的自动控制和手动控制
	严格按照配方要求生产，动画显示工艺流程，参数设定和修改全部通过电脑完成。具有配方输入存储、落差修正、时间调节、校秤、油石比动态跟踪、故障自动诊断、自动报警、数据报表的打印及存储等功能
	提供选配的远程通讯控制装置，通过电信和互联网可对设备实现远程控制、设备故障诊断、软件升级等服务，可随时随地调取现场设备数据，采样分析，优化改进设备性能
	环保方案及措施 1.控制室采用加厚壁墙，隔音玻璃窗 2.强电和弱电分室布置，PC 主机置于操作台下方，隔音降噪

需要额外说明的是：在设计时，注意预留 AHB4000 主站与 RHB160 沥青旧料再生拌合站方案功能和位置接口。

3.9.3 AHB4000 系列沥青混合料拌合站功率

AHB4000 系列沥青混合料拌合站各组成单元的功率见表 3.31。

表 3.31 AHB4000 系列设备组成单元功率

序号	项目	分项	功率/kW	备注
1	冷料供给单元	皮带给料机	13.2	6×2.2
2		砂仓振捣器	0.54	3×0.18
3		平皮带机	7.5	
4		斜皮带机	7.5	
5		小计	28.56	
6	骨料烘干加热单元	托轮电机减速机	88	4×22kW
7		燃烧器风机	30	
8		燃烧器加热器		6 kW
9		重油泵	3	
10		空气压缩机	37	
11		小计	158	
12	除尘单元	1 号布袋除尘器内螺旋输料器	4+5.5	
13		粗粉星型给料机	1.5	

续表

序号	项目	分项	功率/kW	备注
14	除尘单元	粗粉螺旋输料器	4	
15		细粉星型给料机	1.5+1.5	
16		细粉螺旋输料器1	4	
17		细粉螺旋输料器2	4	
18		1号引风机	200+1.1	
19		回收粉加湿器	15	
20		回收粉加湿斗提机	5.5	
21		回收粉螺旋输料器	3	
22		2号布袋除尘器内螺旋输料器	5.5	
23		细粉星型给料机	1.5	
24		2号引风机	75	
25		螺旋输料器3	3	
26		沥青烟净化装置	22	
27		小计	357.6	
28	搅拌塔	热骨料链斗提升机	37	
29		振动筛	37	2×18.5kW
30		搅拌缸	90	2×45kW
31		粉送拌缸螺旋输料器	4	
32		小计	168	
33	气动单元	螺杆式空气压缩机	37	
34		螺杆式空气压缩机	22	
35		小计	59	
36	粉料供给单元	称新粉螺旋输料器	4	
37		新粉循环螺旋输料器	4	
38		回收粉链斗提升机	5.5	
39		称回收粉螺旋输料器	4	
40		小计	17.5	
41	控制室	空调	3.2	2.2+1kW
42		小计	3.2	
	设备总功率		791.2	

续表

序号	项目	分项	功率/kW	备注
以下为沥青加热储存供给部分功率				
43	沥青储存加热单元	循环用沥青泵	11	
44		接卸用沥青泵		11kW
45		导热油循环泵 1	22	
46		导热油循环泵 2		22kW 备用
47		燃烧器风机	11	
48		燃油泵	2.2	
49		小计	46.2	

第 4 章 沥青旧料再生拌合设备

4.1 R120 型沥青旧料再生拌合设备

R120 型沥青旧料再生拌合设备是在充分吸收欧美成熟技术经验的基础上,结合中国国情,自主开发的国内领先的成套技术装备,如图 4.1 所示。该设备可配套 3000 型沥青混合料拌合设备主机,生产出高添加比的再生沥青混合料,产量大,性能稳定可靠。

4.1.1 设备特点

(1)可与不同厂家制造的 3000 型沥青站主站进行配套。控制系统可取主站内部信号或由外部取信号进行主站和再生机的功能衔接。

(2)设备性能稳定,旧料添加比大,最高可达 60%,环节参数匹配合理,燃料消耗、用电消耗、除尘指标等符合行业标准、安全、环保等要求。

(3)模块化设计,与主站衔接合理紧凑。部件间接口简捷;加热滚筒支架、护栏、梯子、除尘工作管路、保温加热工作管路等的辅件结构设计充分考虑了装拆、运输方便等条件。

(4)关键节点环节如旧料加热滚筒、计量、再生剂加入等吸收应用了欧洲先进技术经验,确保了级配精度控制、温度精度控制、联机自动化及稳定性控制等关键性能指标的实现。

(5)关键部件选名厂名品以保证设备运行稳定可靠。控制单元,燃烧器,动力驱动,气动单元、称重等采用德国 SIEMENS 的 PLC,法国施耐德电气件,意大利欧宝燃烧器,德国技术电机减速机,名牌气动组件、英国 TEDEA 传感器等。

(6)控制单元采用 PC/PLC 联合控制旧沥青混合料再生工艺流程生产,采用多媒体画面监控生产流程,提供数据报表打印等功能。

4.1.2 设备组成

整套设备由再生料供给系统、旧料预热系统、除尘系统、旧料储存系统、旧料计量系统、旧料输送系统、再生剂计量系统、气动控制系统、再生剂储存及加热系统和电气控制系统十部分组成。

图 4.1   R120 型沥青旧料再生拌合设备

4.1.2.1   再生料供给系统

再生料供给系统主要由再生料斗、给料机、平皮带机和斜皮带机组成，提供
2 个再生料斗满足各种沥青混合料的级配要求，如图 4.2 所示。在每个再生料斗上

都配有 1 个 0.2kW 的振动器以保证再生料正常供给。再生料斗宽 3.6m，上料高度 3.2m，单斗容量 7m³，每个斗下部配有一台皮带电子秤。平皮带机和斜皮带机的生产能力最大为 140t/h。

再生料由一台斗式提升机输送至旧料预热系统。旧料提升机由机头、机尾、多节箱体、双链及提斗组成。机头驱动由直联式电机减速机提供，带有防倒转的止逆装置，机尾安装自动张紧装置从而保证提升机安全、可靠、高效率地工作。

图 4.2　再生料供给系统

4.1.2.2　旧料预热系统

旧料预热系统由预热滚筒、燃烧器及相应的燃料供给单元组成，如图 4.3 所示。

图 4.3　R120 型设备旧料预热系统

（1）干燥滚筒。

筒体外形尺寸为：直径 1.8m，长度 11m，物料最大加热能力为 120t/h。干燥滚筒驱动采用四台电机减速机分别与四个托轮直联，靠摩擦力使滚筒运转。滚筒内按顺序分布着各种用于旧料与火焰产生的热烟气进行热交换的导料板，实现旧料在滚筒内得到充分热交换，并不使旧沥青老化。

（2）燃烧器。

配置方案 1：燃油型燃烧器

采用数字式变频燃烧器，燃烧器为紧凑型一体机，易于系统连接，外观设计新颖。可燃柴油、重油及渣油，燃烧器节能，调节比可达 1:10，温控精度高，并配备有超温自动保护装置。燃料消耗率≤6.5kg/t 混合料（46,055JK/kg 标油）。在干燥滚筒卸料槽内，装有温度传感器，用于自动控制出料温度，控制台控制点火、熄火、控温及温度显示。

燃料供给单元包括工作管路及附件等。

配置方案 2：燃气型燃烧器

由燃气型燃烧器、工作管路等环节组成。燃气消耗量为 140～1400m³。采用气环式雾化方式，满足低氮氧化物的排放，风机采用变频控制，燃料调节比为 1:10，采用电子比例调节方式，启动平稳，控制精度高。

配置方案 3：油气两用燃烧器

4.1.2.3　除尘系统

除尘系统是由 45kW 引风机及工作管路等环节组成。将热烟气抽送至间歇式主机干燥滚筒燃烧器火焰端进行二次燃烧，并进入主机除尘系统，经由主机除尘系统的布袋除尘器排出。工作管路带有超温保护装置，与燃烧器实现 PID 调节。

4.1.2.4　热旧料储存系统

经过预热后的旧沥青料进入热旧料暂存仓，储存能力 7m³。此仓使用导热油保温，通过计量可知储仓内存料情况。放料方式采用气动开门，仓门带有电加热装置，确保仓门正常工作。

4.1.2.5　旧料计量系统

旧料计量系统是由旧料秤及传感器组成，秤体采用导热油保温，秤门底部有红外线电加热器保温，气动开关秤门，其最大称量范围 2000kg。

4.1.2.6　旧料输送系统

此系统是由保温溜料槽及专用保温螺旋输送机组成，如图 4.4 所示。经过计量的旧料通过保温螺旋输送机输送至间歇式主机的搅拌缸内。旧料在输送过程中并与再生剂充分搅拌融合，从而达到旧沥青的再生。

（a）

（b）

图 4.4 R120 型设备旧料输送系统

4.1.2.7 再生剂计量系统

再生剂计量系统由再生剂秤、齿轮泵、传感器、阀门及工作管路等组成，如图 4.5 所示。秤体采用电加热保温。称重传感器采用进口传感器以提高计量精度。再生剂秤计量精度为±0.01%。

4.1.2.8 气动控制系统

整套设备气动单元由螺杆式空压机站、储气罐、气缸、三联体、电磁阀、工作管路及附件等组成。图 4.6 所示为螺杆式空压机工作系统图。

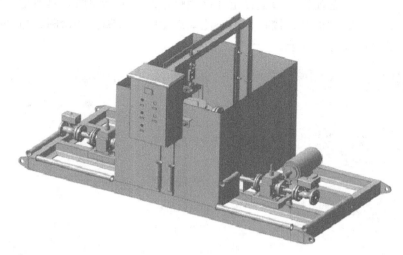

图 4.5　R120 型设备再生剂称量系统

图 4.6　R120 型设备螺杆式空压机工作系统图

4.1.2.9　电气控制系统

电气控制系统由硬件部分和软件部分组成。

硬件部分主要由德国 SIEMENS 组件的 PLC 控制柜、电气拖动柜组、动力电缆及辅件、控制电缆及辅件等组成。

软件部分包含沥青旧料再生料设备生产工艺流程控制软体单元，其操作界面如图 4.7 所示。控制技术建立在德国 SIEMENS 的 PLC 技术基础上，再生沥青混合料生产工艺全过程可实现自动控制和手动控制。可严格按照工程施工配方要求生产，动画显示工艺流程，参数设定和修改全部通过电脑完成。具有配方输入存储、落差修正、时间调节、校秤、油石比动态跟踪、故障自动诊断、自动报警、数据报表的打印及存储功能。

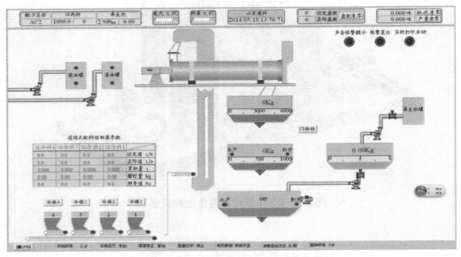

图 4.7　R120 型设备软件控制界面

4.1.3　主要性能指标

（1）生产能力：80～120t/h。

（2）燃料消耗：标准工况下，每吨成品料油耗约为 6kg。

（3）计量精度：

1）静态：骨料秤±0.1%、沥青秤±0.01%。

2）动态：骨料秤±1.0%、沥青秤±0.30%。

（4）环境噪音≤80dB（距离最大噪声源 30m 的噪音值），控制室内噪音 ≤70dB。

（5）控制方式：可实现全自动、手动控制模式，计算机彩色屏幕显示。

（6）装机容量：约为 210kW。

4.1.4　设备技术说明及组成

4.1.4.1　再生料生产能力

在出料温度 120～150℃，完成一个工作循环为 60s 时，生产能力为 80～120t/h，沥青旧料添加比例 30%～60%。

4.1.4.2　与生产能力有关的技术数据

（1）含水量仅为表层含水量。

（2）环境温度为 15℃。

（3）石料容重为每立方米 1600kg。

（4）沙料含量＜35%。

（5）生产能力包括石粉和沥青。

（6）料场骨料应符合拌合技术规范的比例要求。

（7）沥青旧料破碎后应符合堆放及上料要求。

4.1.4.3　设备主要技术参数

R120 型设备主要技术参数见表 4.1。

表 4.1　R120 型设备主要技术参数

1. 冷料系统	2 个冷料斗，每斗容积 7m³
	3.6m×3.2m（宽×高）
	支腿及梁采用折弯板制作
	皮带秤尺寸 650mm × 2690mm（宽×中心距）
	2.2kW 变频调速电机直联转动
	控制台集中控制各个给料机
	调整被动轮承座以调整皮带张紧度
	650mm 宽双层结构皮带
	上料皮带机
	上料皮带尺寸 650mm 宽，4kW
	调整被动轮轴承座以调整皮带张紧度
	重型槽钢制成的底盘和支架
2. 烘干系统	TH400 的双链热骨料提升机，斗宽 400mm
	11kW 驱动电机
	内部配有逆止装置
	干燥筒尺寸 1.8m ×11m（直径×长度）
	筒壁厚度 10mm
	2 个支承滚圈焊接在热膨涨装置上
	4 个支承滚轮用铸钢制成
	进料箱用 6mm 的钢板制成，有一个观察孔
	卸料箱用 8mm 厚的钢板制成
	2 个导向轮
	4×15kW 电机减速机驱动，摩擦传动
	进口燃油燃烧器，最大燃烧能力 950kg
	鼓风机电机 30kW

2. 烘干系统	燃油泵马达 1.5kW 电阻式测温器 操纵台控制熄火、控温及温度指示
3. 沥青旧料储存及计量系统	1 个 7m³ 保温沥青旧料储仓
	沥青旧料计量秤最大称量范围 2000kg，计量单位精度 1kg 再生剂计量秤最大称量范围 10kg，计量单位精度 0.01kg 所有计量秤为高精度电子秤
	1 个 1.5kW 再生剂喷射泵
	1 个 1.5kW 再生剂供给泵
	1 个喷射管
	1 个 50,000L 再生剂储罐
4. 沥青旧料添加系统	1 个与搅拌缸相联专用保温的旧料输送装置，30kW
5. 除尘系统	1 台 45kW 引风机将加热沥青旧料的热烟气并入主机除尘系统
6. 气动控制系统	1 台螺杆式压缩机 2.3m³/min，电机 15kW，具有自动，半自动功能 1 个储气筒 300L 所有气缸、电磁阀、快换接头、气管、气动三联件均为进口产品
7. 导热油系统	1 台 3kW 导热油泵，含工作管路、阀门等
8. 电气控制系统	PC、PLC 控制系统 再生沥青混合料生产工艺全过程可实现自动控制、半自动控制、手动控制。严格按照配方要求生产，动画显示工艺流程，参数设定和修改全部通过电脑完成。具有配方输入存储、落差修正、时间调节、校秤、油石比动态跟踪、故障自动诊断、自动报警、数据报表的打印及存储功能。PLC 采用 SIEMENS 软硬件技术
9. 设备额定功率	配置功率 210kW

4.2　R160 型沥青旧料再生拌合设备

与 R120 型沥青旧料再生拌合设备相比较，R160 型沥青旧料再生拌合设备（如图 4.8 所示）的不同点在于以下几个方面。

可以与不同厂家制造的 4000 型或 3000 型沥青主站进行配套。

4.2.1　设备组成

整套设备由再生料供给系统、旧料预热系统、除尘系统、旧料储存系统、旧料计量系统、旧料输送系统、再生剂计量系统、气动控制系统、再生剂储存及加热系统和电气控制系统十部分组成。

（a）

（b）

图 4.8　R160 型沥青旧料再生拌合设备

4.2.1.1　再生料供给系统

平皮带机和斜皮带机的生产能力最大为 180t/h。

4.2.1.2　旧料预热系统

旧料预热单元由预热滚筒、燃烧器及相应的燃料供给单元组成。

干燥滚筒。筒体外形尺寸为：直径 1.9m，长度 11m。物料最大加热能力为 180t/h。

4.2.1.3　旧料计量系统

旧料计量系统是由旧料秤及传感器组成，秤体采用导热油保温，秤门底部有红外线电加热器保温，气动开关秤门。最大称量范围 2500kg。

4.2.2　主要性能指标

（1）生产能力：100～160t/h。

（2）装机容量：约为 240kW。

4.2.3　设备技术说明及组成

4.2.3.1　再生料生产能力

在出料温度 120～150℃，完成一个工作循环为 60s 时，生产能力为 100～160t/h，沥青旧料添加比例 30～60%。

4.2.3.2　设备主要技术参数

R160 型设备主要技术参数见表 4.2。

表 4.2　R160 型设备主要技术参数

1. 冷料系统	2 个冷料斗，每斗容积 7m³
	3.6m×3.2m（宽×高）
	支腿及梁采用折弯板制作
	皮带尺寸 650mm × 2690mm（宽×中心距）
	2.2kW 变频调速电机直联转动
	控制台集中控制各个给料秤
	调整被动轮承座以调整皮带张紧度
	650mm 宽双层结构皮带
	上料皮带机
	上料皮带尺寸 650mm 宽，4kW
	调整被动轮轴承座以调整皮带张紧度
	重型槽钢制成的底盘和支架
2. 烘干系统	TH450 的双链热骨料提升机，斗宽 450mm
	11kW 驱动电机
	内部配有逆止装置

续表

2．烘干系统	干燥筒尺寸 1.9m × 11m（直径×长度） 筒壁厚度 10mm 2 个支承滚圈焊接在热膨涨装置上 4 个支承滚轮用铸钢制成 进料箱用 6mm 的钢板制成，有一个观察孔 卸料箱用 8 mm 厚的钢板制成 2 个导向轮 4×15kW 电机减速机驱动，摩擦传动
	进口燃油燃烧器，最大燃烧能力 950kg 鼓风机电机 15kW 燃油泵马达 1.5kW 电阻式测温器 操纵台控制熄火、控温及温度指示
3．沥青旧料储存及计量系统	1 个 $7m^3$ 保温沥青旧料暂存仓，带计量功能
	沥青旧料计量秤最大称量范围 2500kg，计量单位精度 1kg 再生剂计量秤最大称量范围 10kg，计量单位精度 0.01kg 所有计量秤为高精度电子秤
	1 个 1.5kW 再生剂喷射泵 1 个 1.5kW 再生剂供给泵 1 个喷射管
	1 个 50,000L 保温再生剂储罐
4．沥青旧料添加系统	2 个与搅拌缸相联专用保温的旧料输送装置，2×30kW
5．除尘系统	1 台 45kW 引风机将加热沥青旧料的热烟气并入主机除尘系统
6．气动系统	1 台 $3m^3/min$ 螺杆式压缩机，驱动功率 15kW，具有自动，半自动功能 1 个 300L 储气筒 1 套气动件
7．导热油系统	1 台 3kW 导热油泵 含工作管路、阀门等
8．控制系统	PC、PLC 控制系统 再生沥青混合料生产工艺全过程可实现自动控制，半自动控制，手动控制。严格按照配方要求生产，动画显示工艺流程，参数设定和修改全部通过电脑完成。具有配方输入存储、落差修正、时间调节、校秤、油石比动态跟踪、故障自动诊断、自动报警、数据报表的打印及存储功能。PLC 采用 SIEMENS 软硬件技术
9．设备额定功率	配置功率 240kW

第5章　间歇式沥青混合料拌合设备安装调试

5.1　主要安装参数

　　强制间歇式沥青混合料拌合设备在保证设计和制造质量的前提下，为达到设计要求，对设备的安装提出了较高的要求。严谨规范的安装指导是保证设备设计中相关部件之间关联要求性能的重要前提[8-9]。各部分的安装规范将直接影响整机的性能发挥、设备生产过程中的稳定性以及设备的使用寿命。

　　（1）各型号设备最高点及装机总容量，见表5.1。

表 5.1　各型号设备最高点及装机总容量

设备型号 项目	2000 型	3000 型	4000 型
设备最高点/m	25	27	31
装机总容量/kW	465	570	710
变压器容量/KVA	630	800	1000

　　（2）各型号设备主要总成的参考重量，见表5.2。

表 5.2　各型号设备主要总成的参考重量/t

项目 设备 型号	支腿	成品料仓 （上/ 中/下）	搅拌层	筛分仓			振动筛	干燥滚筒		热骨料斗提			石粉仓	粉尘仓
				上仓	中仓	下仓		机架	滚筒	规格	重量			
											外壳	链斗		
2000 型	0.3×4	4.3/4.5	13	9.8（含踏板）			11	8.5	13.5	TH450-22	7.1	1.6	4.5	5.5
3000 型	0.5×4	4.5/5.2/5.3	18.5	10	8.7	--	11.5	9.6	16.3	TH500-27	7.5	3.0	6	8
4000 型	0.7×4	4.5/5.2/5.3	22	11	4.6	9	18.5	17	23	TH630-31/ SNE300	9.5	3.9	6.5	8.2

　　（3）各型号设备主要总成的参考高度，见表5.3。

　　（4）各型号设备安装选用的吊车，见表5.4。

表 5.3　各型号设备主要总成的参考高度/m

项目 设备 型号	主楼 地基 (高度)	支腿 (高度)	成品料仓 (高度) (上/中/下)	搅拌层 (高度)	筛分仓(高度)			振动筛 (高度)	提升机 (高度)	石粉仓 (高度)	粉尘仓 (高度)
					上仓	中仓	下仓				
2000型	850	3.15	3/3	3	3.2			3.2	22	4.5	5.5
3000型	850	3.15	2.8/2.8/2.5	3	3	3	-	3.2	27	6	8
4000型	850	3.15	2.8/2.8/2.5	3	3	2	3	3.9	31	6.5	8.2

表 5.4　各型号设备安装选用的吊车（参考）

设备型号 项目	A2000型	A3000型	A4000型
吊车选用/t	25（36）	50（65）	80

5.2　地基制作

图 5.1 所示为安装现场。现场指导用户制作地基，应当注意一些事项，具体有以下几点。

图 5.1　安装现场

（1）查看地质条件。
（2）查看周边环境，选择布置方案。
（3）选用适当的混凝土灌注。

（4）预埋件按地基图纸技术要求进行安装。

（5）地基上表面必须平整，预埋件应便于安装。

（6）重要的地基必须保证水平。

5.3　安装前准备工作

到现场安装以前，应当做好前期准备工作，具体有以下几点：

（1）清理现场。

（2）复核地基。

（3）清点零部件。

（4）设备及工具的准备。

（5）标准件及附件的准备。

（6）配备安全防护用具，如安全帽、安全带等。

（7）挑选安装人员。

（8）安全教育。

（9）制定安装计划。

5.4　安装顺序

以主楼为中心，向周围辐射。首先安装主楼，其他可依据具体情况而定，但要充分考虑吊车站位问题。一般安装顺序为：拌合楼、热骨料提升机、干燥筒滚、提升轨道及成品料仓、粉料系统、除尘系统、冷料系统、控制室、气动控制系统及电气控制系统。

5.5　安装单元和注意事项

5.5.1　拌合楼系统

（1）安装单元。

图 5.2 所示为拌合楼的安装现场。主要包括以下组成单元：

1）楼体支撑。

2）下置式成品料仓。

3）计量搅拌层。

4）热骨料贮料仓下仓。

5）热骨料贮料仓上仓。

6）振动筛。

7）环保门等。

图 5.2　拌合楼

（2）安装注意事项。

1）楼体支撑安装位置必须准确，楼体支撑是决定楼体安装位置的重要部件，其中心线应尽量与地基中心线重合，保证以拌合楼为基准的其他总成安装位置准确。楼体支撑虽然是个比较简单的部件，但它决定整个楼体的安装质量，所以在楼体支撑安装时，对其水平、位置和紧固件安装情况要进行复核，确定无误后，开始进行下一层的安装。

2）各部件及总成接合面处无杂物，确保螺栓紧固后，接合面结合充分且可靠。

3）在楼体支撑安装好后，应使用水平尺或水平仪对其进行水平复核，调平后再进行下一步的安装。

4）各总成安装前，注意查看其安装方向，并检查是否有需先期安装的部件。有些零部件在整个楼体安装完成后，无法进行安装。比如石料秤，在起重安装过程中，不要遗漏，如果遗漏，将是一个简单、低级，又不好弥补的错误。

5.5.2 热骨料提升机

（1）安装单元。

1）热骨料提升机头。

2）热骨料提升机壳体。

3）热骨料提升机尾。

4）链、斗组合。

5）链斗装入提升机。

6）机器罩壳。

7）骨料溜道。

（2）安装注意事项。

1）采取倒装的安装方式。先由机头开始起吊安装。在机头起吊时，一定注意，必须吊平，如果不平，要重新调整钢丝绳，否则在后期安装时，将会遇到较大的麻烦。

2）机头、机尾及各节壳体间接合面应无杂物，且接合可靠。因为安装后，若有紧固件未紧固的话，很难再次紧固。

3）各节壳体间应做好密封，避免漏灰或进雨水。

4）热骨料提升机安装，应保证其与水平面的垂直度，整机应保证安装的直线度，不然会出现刮碰或掉链子的现象。可用经纬仪进行测量安装。

5）安装时，保证其与拌合楼的相关位置尺寸。

6）安装环链及料斗时应注意料斗的安装方向。

7）起重设备高度不够时，链条安装采用两吊钩配合，链条折叠，如图 5.3所示。

8）在地面对链条和料斗进行预装时，应注意链条不要扭紧。同时链条与料斗的联接螺栓不要装弹簧垫片，并将螺帽点固，防止松动。

5.5.3 干燥滚筒

（1）安装单元。

1）干燥滚筒机架。

2）干燥滚筒。

3）出料口。

4）进料口。

5）溜道。

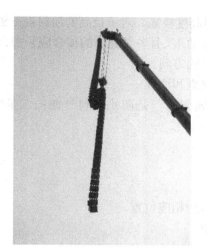

图 5.3　两吊钩配合安装链条

（2）安装注意事项。

1）机架安装时，相对热骨料提升机的位置应准确。其轴线应与楼体中心线平行或垂直。

2）机架地脚应保证水平（机架上平面有倾斜角度，但地脚板应水平）。

3）进料口、出料口与滚筒间轴向位置尺寸应适当。

5.5.4　粉料系统

（1）粉料系统安装单元。

1）石粉仓。

2）粉尘仓。

3）粉料链斗提升机。

4）仓顶收尘机或布袋除尘器。

5）称粉螺旋。

6）粉循环螺旋。

7）上粉螺旋。

（2）粉仓安装注意事项。

1）粉料仓基础应平整。

2）粉料仓第一节安装后，用水平尺检查其水平，并将其调平；相对于楼体的位置应准确，如有误差，应调整到位。

3）粉料仓在安装过程中，应考虑称粉螺旋的安装空间是否够用，如回转可考虑称粉螺旋先期安装。

4）粉料提升机一般斗宽相对较小，而高度较高。对于较高的粉料提升机，在安装时应特别注意其线度及整机与水平的垂直度，且各节壳体的接合应紧密、牵固。

5）粉料仓在安装时应注意螺旋安装口的方向。

6）粉料仓在安装前应对其内部进行检查和清理。

7）粉料系统各部件安装时，应注意密封，一是防止粉料外漏；二是防雨、防潮。

5.5.5　除尘系统的安装

（1）安装单元。

1）先将重力除尘器及布袋除尘器安装到相应位置。

2）连接干燥滚筒与重力除尘间的烟道。

3）安装引风机。

4）连接布袋除尘器与引风机间的烟道。

5）安装烟囱。

6）安装螺旋、负压管、冷风阀等附件。

（2）安装注意事项。

1）除尘主烟道应在地面预装。

2）除尘器安装位置，应尽量准确，以保证安装误差能够在烟道尺寸的调整范围内。

3）应注意各接口处的密封处理，防止雨水进入，造成管路堵塞；防止漏风，而损失负压，或尾气温度过低。

4）布袋除尘器安装时，应注意进风口和出风口的方向。

5）引风机安装应保证水平。引风机安装时，引风机机架，应尽量与基础接合好，否则容易发生振动。

5.5.6　成品料仓系统

成品料仓系统：成品料仓系统分为两种型式，一种为下置式成品料仓；另一种为旁置式成品料仓。下置式成品料仓安装在楼体支撑与搅拌层之间。旁置式成品料仓安装在楼体侧面，通过提升轨道悬架与拌合楼连接，可对一定量的安装误差进行调整。

对于下置式成品料仓，先将各总成组装成形，然后将成品仓安装到楼体支撑上。

（1）旁置式成品料仓安装单元。

1）成品料仓。

2）提升上轨道。

3）提升中轨道。

4）提升下轨道。

5）提升轨道悬架或支座。

6）运料小车。

7）卷扬机、钢丝绳。

8）废品料仓及中轨道支架。

（2）旁置式成品料仓安装注意事项。

1）成品料仓安装时应保证其水平，并且相对拌合楼的位置尺寸应尽量准确。

2）轨道安装主要注意三点：第一点是保证水平；第二点是保证直线度；第三点是轨距一致。

3）卷扬机安装时应注意，第一保证水平；第二钢丝绳滚的中心应与上轨道的中心线对齐，如图 5.4 所示。

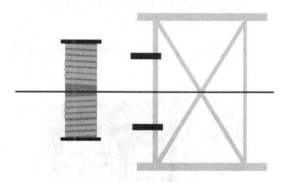

图 5.4　卷扬机安装

4）钢丝绳的安装长短应适当，小车到二号位时，卷扬机钢丝绳滚应有足够的缠绳空间，但钢丝也不能留太短。一般情况下，如缠绳空间足够的情况下，小车到接料位时，钢丝绳缠三圈半。

5）轨道连接处应保证平滑过渡。

6）轨道连接销应联接可靠；小车与钢丝绳连接销应可靠。

7）横移小车的接近开关，应固定牢靠。

5.5.7　冷料系统

（1）安装单元。

1）斜皮带机。

2）平皮带机。

3）平皮带机折腰部分。

4）平皮带机电动滚筒。

5）平皮带及冷料斗。

6）冷料斗上围板及其他附件。

（2）安装注意事项。

1）皮带机安装应保证水平，如图 5.5 所示。

图 5.5　皮带机安装

2）斜皮带机与滚筒搭接应适当，保证皮带能将集料全部送入干燥滚筒中，如图 5.6 所示。

图 5.6　斜皮带机与滚筒的搭接

3）平皮带与斜皮带衔接处应适当，当平皮带与斜皮带呈直角方式布置时，平皮带出的料流应基本落到斜皮带中心。

4）断料报警装置感应开关，感应到位。

5.5.8　气路系统

气路系统的组成如图 5.7 所示。

（1）安装单元。

1）空气压缩机。

2）过滤器、调压阀、油雾器组成的三联件及压力表等。

3）储气罐。

4）电磁阀、消音器及电磁阀座等。

5）气路阀门。

6）快速排气阀、磁性接近开关等气路附件。

7）气管及接头。

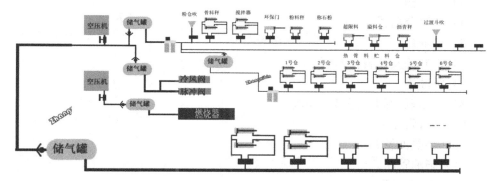

图 5.7　气路系统的组成

（2）安装注意事项。

1）气路布置应整齐、美观，如图 5.8 所示。

图 5.8　气路布置

2）气管长度应考虑到气缸动作时气管是否有余量。

3）气路布置时应考虑到气缸动作时是否会带动气管动作而产生相互干涉。

5.5.9 沥青导热油系统

（1）安装单元。

1）沥青罐。

2）导热油炉及燃烧器。

3）膨胀槽。

4）油汽分离器。

5）柴油罐。

6）接卸槽及沥青接卸泵。

7）重油罐。

8）高温截止阀、保温三通阀。

9）沥青管路。

10）导热油管路。

11）柴油管路。

12）沥青循环泵。

13）称沥青三通阀及气缸组件。

14）改性沥青搅拌叶及温度表等其他附件。

（2）安装注意事项。

1）沥青罐及重油罐排放应整齐、平整，为管路的布置连接提供良好的工作条件，如图 5.9 所示。

图 5.9　沥青罐及重油罐的排放

2）沥青罐及重油罐安装在地基上，应保证安装平稳可靠，以防将来在重载状态下出现下沉现象，并由此导致管路泄漏。

3）沥青管路为双层管，里管包在外管内部分不得拼接。

4）接卸槽一般安装在地面以下，安装后应有相应的防雨和防浮措施，以免在雨天发生漏雨和漂浮现象。

5）沥青管路为双层管，在对外管进行气割时，应特别注意防止将里管割伤，出现渗漏现象。

6）沥青罐口安装的三通阀、柴油罐及重油罐口安装的截止阀与罐口间的安装和密封必须可靠，否则装料时一旦泄漏很难处理。

7）该系统安装的气管及电缆应注意防油、防热。

8）卧式一体化油炉膨胀槽安装时应做好密封，防止漏油、渗水。浮球开关及膨胀顶部所有法兰口应做好防水。

5.6　安装方法

沥青混合料拌合设备属于大型工程机械设备，由于设备较大，在运输和制造过程中会存在许多困难。为了便于运输和制造，在设计上将设备分割为多个部分，随之而来的是现场安装工作量的增加。近年来，国内设计人员在借鉴国外设备的成熟经验的基础上，在设计方面不断创新，将设备分割为若干个安装单元，逐步向模块化方向发展，在便于制造和运输的基础上，使安装工作越来越简捷，很大程度上减少了现场安装的工作量。

由于设备在设计上采取模块化的方式，许多总成及部件在出厂前已经组装完毕，运到现场的是若干安装单元，现场安装只需将各安装单元进行组装，只有少量的零部件需现场安装。所以，现场安装并不是所有总成、部件的安装，只涉及安装单元及部分零部件的安装。

因此，我们所讲的安装方法，只是针对需现场安装的一些安装单元和零部的安装方法。

5.6.1　楼体支撑

（1）先在平整地面将支腿与短横梁组装成型。

（2）将组装后的两侧支腿组件立起并吊装到地基上。

（3）组装长横梁，楼体支撑组装完成。也可在地面上将组装成型的两侧支腿放倒，然后组装长横梁。

（4）将组装完成的楼体支撑吊装到地基的准备位置，可用吊车和撬杠等辅助工具将楼体支撑调平并调整到准确位置上。

5.6.2　搅拌器

搅拌器的安装方法如下：

（1）在地面将踏板安装架安装在搅拌层框架上。

（2）将搅拌层吊装到楼体支撑上。

（3）安装踏板、梯子。

（4）可以沥青秤的位置为参考确定安装方向。

（5）紧固连接标准件。

5.6.3　热骨料贮仓下仓

热骨料贮仓下仓的安装方法如下：

（1）先将骨料秤放置到搅拌层上面或挂到热骨料贮仓下节。

（2）将粉料秤挂到热骨料贮仓下节。

（3）将热骨料贮仓下节吊装到搅拌层上面；并安装中节、上节。

（4）紧固连接标准件。

5.6.4　振动筛

A3000 型以下的设备，振动整体作为一个安装单元，不需要现场组装；A4000型设备振动筛体与振动筛外壳等部件分别作为安装单元，需在现场组装（出口设备，由于装集装箱的要求，也会拆分运输，也需要到现场进行预装）。

（1）将振动筛吊装到热骨料贮仓下仓上。

（2）可以振动筛倾斜方向为参考，确定安装方向。

（3）安装护栏、踏板、梯子、机器罩等。

（4）紧固连接标准件。

由于振动筛组装后运输超高，需分体运输，到达现场后，需在地面上对其进行组装，然后整体吊装。现场组装过程如下：

（1）将筛体放入壳体中，将筛体安装到壳体弹簧座上。

（2）安装壳体上盖板。

（3）安装负压管出口。

（4）安装分料箱。

（5）安装电机。

（6）安装弹簧座罩壳。

（7）踏板护栏在吊装安装完成后再进行安装。

（8）做好密封。

（9）安装皮带等其他附件及紧固连接标准件。

5.6.5 热骨料提升机

热骨料提升机的安装方法如下：

（1）将热料溜道安装到机头上，用吊车吊起热骨料提升机机头，必须吊平，如不平可放下重新调整钢丝绳，直至吊车吊起后能够保证水平。

（2）安装机壳各组成节，顺序是从高节到低节，这样安装的特点是安装人员始终可以站在地面上进行安装，并紧固连接标准件。

（3）壳体的各组成节安装完成后，最后安装热骨料提升机机尾。

（4）将组装后的热骨料提升机吊装到需安装的准确位置。

（5）准备安装链斗，检查链斗安装是否可靠，检查无误后，将螺帽与螺栓点焊。

（6）安装链斗，将组装完成后的链斗从上端装入热骨料提升机中，注意链斗的安装方向，如图 5.10 所示。

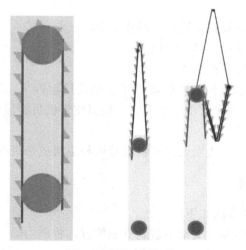

图 5.10　链斗的安装

（7）在热骨料提升机下端调整链条长度，连接链条，张紧链条后，链条连接处的螺帽与螺栓点焊。

（8）安热骨料提升溜道。

（9）安装机盖等附件。

5.6.6 干燥滚筒

干燥滚筒的安装方法如下：

（1）将机架吊装到地基的准确位置上。

（2）将滚筒吊装车机架上。

（3）安装出料口，刮料板与出料口间最小缝隙不小于滚圈端面与止推滚轮间的间隙。

（4）安装进料口，滚筒与进料口可能产生刮碰的位置间的最小间隙不小于止推滚轮与滚圈端间的间隙。

（5）安装干燥滚筒出料溜道。

5.6.7 冷料系统

冷料系统的安装方法如下：

（1）将倾斜皮带中间支起，吊装到安装位置，电动滚筒一侧搭装到干燥滚筒的入料口。

（2）将大料剔除装置安装到倾斜皮带上。

（3）安装冷料斗及集料皮带机。

（4）安装集料皮带折腰段。

（5）将集料皮带机折腰段的皮带托辊架及托辊拆下，安装集料皮带电动滚筒，并将电动滚筒套入橡胶皮带中，安装集料皮带机折腰段的托辊架及托辊。

（6）安装下料口。

（7）用撬杠等工具适当调整倾斜皮带机和集料皮带机的位置。

5.6.8 除尘系统

除尘系统的安装方法如下：

（1）将重力除尘器下支架吊装到安装位置，将重力除尘器与上支架及踏板、护栏在地面组装完成后，整体吊装到下支架上，对上、下支架连接，然后用吊车及撬杠等工具将其调整到准确位置。

（2）将布袋除尘下体吊起，安装支腿，然后将其吊装到地基的准确位置上。吊装布袋除尘器上体，并安装在下体上，注意进、出风口的方向。安装布袋除尘器梯子、护栏。

（3）安装布袋除尘器进风口和出风口。

（4）将引风机吊装到地基的准确位置上。

（5）将烟箱安装到干燥滚筒进料口上。

（6）在地面组装滚筒至重力除尘烟道，组装完成后吊装，吊装应保持平衡便于安装，进行安装。

（7）在地面组装重力除尘至重力除尘烟道，组装完成后吊装，吊装应保持平衡便于安装，进行安装。

（8）连接引风机到布袋除尘器出风口烟道。

（9）将烟囱吊装立起，安装到地基的准确位置。

（10）安装粗粉螺旋输料机或粗粉回收管路。

（11）安装布袋除尘粉尘卸料机及连接件。

（12）安装排粉螺旋。

（13）安装冷风阀等附件。

5.6.9　粉料系统

粉料系统的安装方法如下：

（1）在地面先将助流气垫安装到粉仓上。

（2）将近渡斗安装楼体上。

（3）安装粉料提升机，安装方法与热骨料提升机相同。

（4）将石粉仓吊装到地基上，用撬杠等辅助工具，将其调平，并调整到准确位置上。

（5）将称粉尘螺旋、仓顶收尘机及卸料机放到石粉仓上。

（6）吊装粉尘仓，安装到石粉仓上。

（7）安装称石粉螺旋。

（8）安装称粉尘螺旋及卸料机。

（9）安装仓顶收尘机。

（10）安装石粉循环螺旋及星型卸料机。

5.6.10　成品料仓系统

成品料仓系统的安装方法（这里讲的主要是指旁置式成品料仓的安装），从成品料仓开始，逐渐向主楼方向安装，即成品料仓、上轨道、中轨道、下轨道。

（1）在地面先将成品料仓仓体组装好。

（2）将成品料仓仓体安装到成品料仓支腿上。

（3）用吊车及撬杠等辅助工具将成品料仓调整到地基的准确位置上。

（4）安装上轨道。

（5）安装中轨道及支架。

（6）安装下轨道。

（7）安装废品料仓。

（8）将卷扬机吊装到地基上，并用撬杠等辅助工具对其进行调整，将其调平，并调整到准确位置。

（9）将运料小车吊起，并放置到轨道上，注意小车如未放置到下轨道底端，则要将其固定牵固可靠，以免产生滑动。

（10）安装钢丝绳，并确定钢丝绳长度，将多余部分截断。

5.6.11　沥青导热油系统

沥青导热油系统的安装方法如下：

（1）将导热油炉吊装到地基上，用撬杠等辅助工具将其调平并调整到准确位置上。

（2）装沥青罐、重油罐、柴油、接卸槽分别吊装到安装位置。

（3）将沥青接卸泵安装到沥青接卸槽上。

（4）确定沥青循环泵的安装位置，并将其吊装到位。

（5）将高温截止阀安装到沥青罐、接卸槽、重油罐的导热油进出口上。

（6）将保温三通阀安装到沥青罐的沥青出口、沥青回油口及沥青接卸口上，如图 5.11 所示。

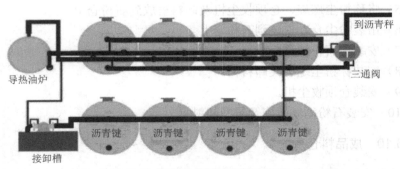

图 5.11　沥青导热油系统管路安装

（7）安装油汽分离器、膨胀槽及导热油的主循环管路。

（8）制作并安装沥青管路。

（9）制作并安装重油管路。

（10）连接导热油的支路循环管路。

（11）安装燃烧器及燃油管路。

（12）安装其他附件。

5.6.12　气路控制系统

气路控制系统的安装方法如下：

（1）组装电磁阀，将电磁阀与阀座组合安装，并将组装后的电磁阀安装到相应的位置。

组合气缸，将气缸与尾座、Y 形接头、电磁阀（缸阀一体的）及气管接头等组合好，并安装到相应的位置。

（2）连接安压机、储气罐、气水分离器、调压阀、单向阀、油雾气、气压球阀、电磁阀及气缸等气路元件。

（3）电磁阀：二位五通阀，查看标识，或用嘴吹，可识别接管方式。三孔方向，两侧孔安装消音器，中间孔为进气孔。两孔侧常通孔接气缸关门进气端（气缸关门根据使用方式不同，关门进气端也有所不同），另一孔接气缸开门进气端。

（4）快速排气阀：安装在称沥青、热骨料贮料仓的关门排气端，或搅拌缸升降门的开门排气端。

（5）单向阀：单向阀一般安装储气罐的进气端，箭头方向与气流方向（介质方向）一致。

（6）气动蝶阀：将蝶阀用搬手转到全关位置，安装到粉料秤上，调整前过顶丝调整好蝶阀的全开位置。

（7）两联件或三联件，按箭头方向，气体先走汽水分离器，然后到油雾器。

5.7　设备调试

5.7.1　调备润滑

5.7.1.1　冷料系统的润滑

（1）皮带托辊、给料机主动辊及被动辊轴承座、集料皮带机轴承座、倾斜皮带机被动辊轴承座，在厂内组装时已加注润滑脂，可不进行润滑。必要时可对给料机主动辊及被动辊轴承座、集料皮带机轴承座、倾斜皮带机被动辊轴承座进行检查，并补注钙基润滑脂。

（2）电动滚筒的润滑：电动滚筒需加注中负荷齿轮油，油位按标牌中说明加注，一般为半径的 2/3 或按标注量加注润滑油，加到量即可，不易加注过多。

（3）给料机驱动减速机润滑：中负荷齿轮油，加注量按油尺。

5.7.1.2　干燥滚筒的润滑

（1）托轮轴承座：加注润滑脂、锂基脂。

（2）止推轮轴承座：加注润滑脂、钙基脂或锂基脂。

（3）止推轮外圆面：止推轮与滚圈端面接合面处涂润滑脂；止推轮外圆面润滑时，不要将润滑脂涂抹到滚圈圆弧面上。

5.7.1.3　热骨料提升机的润滑

（1）热骨料提升机上端轴承座：加注润滑脂、锂基脂。

（2）热骨料提升机下端轴承座：加注润滑脂、锂基脂。

（3）热骨料提升机驱动减速机：进口 SEW 减速机一般已加好油，国产减速机需加注齿轮油。按油标指示加注中负荷齿轮油。

5.7.1.4　振动筛的润滑

振动筛出厂前已加注机油，现场检查油位即可，不需润滑。

5.7.1.5　搅拌缸的润滑

（1）搅拌缸轴承座：加注润滑脂、锂基脂。

（2）搅拌缸驱动减速机：进口 SEW 减速机一般已加好油，国产减速机需加注齿轮油。按油标指示加注中负荷齿轮油。

（3）同步齿轮：同步齿轮啮合处应涂抹润滑脂、锂基脂。

（4）放粉螺旋：减速机加注中负荷齿轮油（低档次的减速机，采用钙基润滑脂）。

5.7.1.6　螺旋输料机的润滑

（1）驱动减速机：进口 SEW 减速机一般已加好油，国产减速机需加注齿轮油。按油标指示加注中负荷齿轮油。

（2）轴承座：机头、机尾及中间悬架加注润滑脂，高温处加注锂基润滑脂，常温处加注钙基润滑脂。

5.7.1.7　Y 形卸料机的润滑

减速机处加注润滑脂、钙基润滑脂。

5.7.1.8　卷扬机的润滑

（1）驱动减速机：加注齿轮油，按油尺加注。

（2）制动液压缸：加注液压油，按油标加注。

（3）轴承座：如有注油点需加注润滑脂、钙基脂。

5.7.1.9　引风机的润滑

引风机机箱需加注机油或中负荷齿轮油，按油标加注。

5.7.1.10　空气压缩机的润滑

螺杆式空气压缩机一般已加好油，检查油位即可；活塞式空气压缩机，需加注空压机油，按油标加注。

5.7.1.11　泵的润滑

导热油循环泵、沥青循环泵、沥青接卸泵等各类泵，检查是否有注油点，并对注油点加注润滑脂。高温部分加注锂基润滑脂；常温部分加注钙基润滑脂。

5.7.1.12　其他部件的润滑

一些转动部件，如有锈蚀，应进行润滑，使其运行自如，如调整丝杠等。

5.7.2　调备各件旋向

5.7.2.1　冷料系统

（1）给料机：皮带上侧向冷斗的下料口方向转动。

（2）集料皮带：集料皮带上侧，向下料口方向运动。

（3）倾斜皮带：倾斜皮带的上侧向滚筒方向运动。

（4）给料机、集料皮带和倾斜皮带校旋向时应点动。

5.7.2.2　干燥滚筒

（1）干燥滚筒的旋向为人站在斜皮带一侧，面对干燥滚筒，顺时针旋转；人站在燃烧器一侧，面对干燥滚筒，逆时针旋转。也可以通过看叶片来判断旋转方向。

（2）托轮的旋向与滚圈啮合。

（3）干燥滚筒校旋向时，应单个托轮点动试旋向，四个托轮旋向均已确认正确，方可同时启动。

5.7.2.3　热骨料提升机

（1）热骨料提升机的转动方向为进料一侧的链斗向上运动，出料一侧的链斗向下运动。

（2）校正转动方向时应点动。

（3）配有逆止装置的链斗提升机，在校对转动方向时，应将电机与提升机主动轴之间的传动皮带卸下，校正电机转动方向后，安装传动皮带，然后整机启动；配有制动电机的提升机可直接点动，校正转动方向。

5.7.2.4　振动筛偏心块转动方向

（1）振动筛偏心块的转动方向如图 5.12 所示。

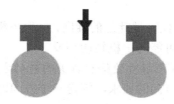

图 5.12　振动筛偏心块转动方向

（2）校正振动筛偏心块转动方向时，应先校正其中的一个轴，再校正另一个轴，然后整机启动。

（3）校正振动筛偏心块转动方向时，点动即可。

5.7.2.5　搅拌器

（1）搅拌器转动方向如图5.13所示。

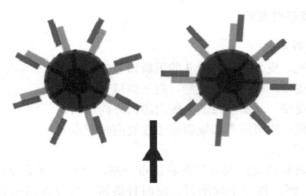

图5.13　搅拌器转动方向

（2）校正搅拌器转动方向时，应先校正其中的一个减速机，再校正另一个减速机，然后整机启动。

5.7.2.6　螺旋输送器

（1）校正螺旋输送器的转动方向，主要是参考螺旋叶片的旋向和走料方向进行，如图5.14所示。

（2）如果螺旋输送机的转动方向与叶片旋向一致，料的走向与螺旋叶片的旋向相反；如果螺旋输送机的转动方向与叶片旋向相反时，料的走向与螺旋叶片的旋向一致。三者之间的关系可以用"左、右手法则"进行表示：如果螺旋输送机叶片为左旋，用右手，四指弯曲表示螺旋输送机的转动方向，拇指伸直所指的方向为料的走向；如果螺旋输送机叶片为右旋，用左手，四指弯曲表示螺旋输送机的转动方向，拇指伸直所指的方向为料的走向。

（3）螺旋输送机正转与反转只与走料方向有关，对机器没有影响，要根据需要来调整转向。

（4）电机的转向并不代表是叶片的旋向，一般电机转向通过减速机输出后正好相反，所以叶片的旋向可能与电机转向相反。

5.7.2.7　Y型卸料机（刚性叶轮给料机）的转动方向

Y型卸料机没有转动方向的要求，规定一个方向即可，如图5.15所示。

图 5.14　螺旋输送器送料方向

图 5.15　Y 型卸料机

5.7.2.8　卷扬机的转动方向

（1）点动，发出小车上升的指令，卷扬机的转动方向为钢丝绳向滚筒上缠绕的方向。

（2）点发，小车下降时，卷扬机转动方向是将钢丝绳放开的转动方向。

5.7.2.9　引风机的转动方向

（1）离心引风机的转动方向为机壳形状能够产生离心空气的方向，如图 5.16（a）所示。

（2）轴流引风机根据叶片来判断方向（与电风扇原理相似），如图 5.16（b）所示。

（a）离心引风机　　　　　　　　（b）轴流引风机

图 5.16　引风机转动方向

5.7.2.10 沥青泵的转动方向

沥青泵有多种形式（图 5.17），其形式不同，转动方向的确定方法不同。泵头上一般都有转动方向指示，一般泵头上侧有指向出油口方向的箭头。

图 5.17 沥青泵

5.7.2.11 空气压缩机的转动方向

（1）空气压缩机的转动方向有标识，按标识校正即可。

（2）空气压缩机校正转动方向时，应点动；不易运行时间过长，校正转动方向后，方可启动运行。

5.7.2.12 主燃烧机引风机转动方向

（1）如果采用的是轴流引风机，根据叶片即可判定方向。

（2）如果采用的是离心引风机，与引风机转动方向一致。

5.7.3 调备单机调试

5.7.3.1 冷料系统调试

（1）给料机的调试。主要是皮带的张紧和皮带跑偏的调整，具体有以下几项工作：

1）张紧皮带。

2）将限位轮靠到皮带侧边上（或留有 3~5mm 左右的间隙）。

3）调整丝杠，使主动轮与被动轮轴线平行，且与环形皮带侧面垂直。

4）启动给料机皮带，适当调整丝杠，使给料机皮带在运行中不跑偏。启动给料机前应检查是否有杂物或刮碰部位，处置后启动；给料机在启动后，进行调整时应有人专门监控，并与控制人员保持勾通和联络，防止刮伤皮带。

（2）冷料斗的调试。

1）斗门开度的调整。

2）振捣器的调试。

3）断料报警装置的调试。

（3）集料皮带机的调试。

集料皮带的调试主要是皮带的张紧和跑偏的调整。

1）将限位轮调整至靠到皮带侧边上（或留有少量间隙，如 3～5mm 间隙）。

2）张紧皮带。

3）将折腰轮压在皮带上，将皮带压紧，但不要压得过紧，达到折腰的目的即可。

4）调整主动轮与被动滚，使两个轴线保持平行，其轴线与皮带侧面垂直。

5）检查皮带上是否有杂物，是否有刮碰部位，如有刮碰应及时处置，然后启动集料皮带机。并适当调整前、后丝杠，调整至集料皮带不跑偏。

注意：集料皮带在启动后，进行调整时应有人专门监控，并与控制人员保持勾通和联络，防止刮伤皮带。

（4）倾斜皮带机的调试。

倾斜皮带机的调试主要是皮带的张紧和跑偏的调整。与集料皮带基本相同。

1）将限位轮调整至靠到皮带侧边上（或有留有少量间隙，如 3～5mm 间隙）。

2）张紧皮带。

3）调整主动轮与被动滚，使两个轴线保持平行，其轴线与皮带侧面垂直。

4）检查皮带上是否有杂物，是否有刮碰部位，如有刮碰应及时处置，然后启动集料皮带机。并适当调整前、后丝杠，调整至集料皮带不跑偏。

注意：倾斜皮带在启动后，进行调整时应有人专门监控，并与控制人员保持勾通和联络，防止刮伤皮带。

5.7.3.2 干燥滚筒调试

（1）无刮碰现象。

（2）干燥滚筒的调试主要是调整托轮，使滚筒在合适的位置和状态下运行，防止滚筒产生失控的轴向窜动，并尽量避免滚圈对止推滚轮产生较大的轴向推力。

（3）调整方法：调整四个托轮的方向，使滚筒轴向窜动，并达到理想位置上运动。观察止推滚轮受力情况，并调整到止推滚轮受力较小的状态。调整方法如图 5.18 所示。

图 5.18 干燥滚筒旋向

（4）调整滚筒上下串动的方法是，看内翻轮，其向倾斜方向即中滚筒串动方向。

5.7.3.3 热骨料提升机调试

（1）张紧链条的调整。

1）链条张紧前，链条自然下坠状态应基本与下轮链槽对中，如图 5.19（a）所示。

2）调整丝杆将链条张紧，并保证主动轴与被动轴的轴线水平。张紧程度一般弹簧下端丝杆顶出 3～4 个螺距即可，不易拉得过紧。

（2）调整溜道板：张紧链条后，调整溜道板，使其与料斗保持合适距离，一般为 50～80mm 左右，如图 5.19（b）所示。启动链斗看有无刮碰，可视情况再次调整，间隙大了掉料，间隙小了，容易刮碰；满载时不刮碰，空载时可能就会刮碰。

（a）链条的调整　　　　　　（b）溜道板的调整

图 5.19　热骨料提升机调试

5.7.3.4 振动筛的调试

振动筛的调试主要是检查紧固件的紧固情况，张紧皮带，张紧程度一般为单手用力压皮带中部，下降挠度约为 1.6/100mm，启动运行后可视情况再次调整皮带的松紧。

5.7.3.5 热骨料贮料仓的调试

（1）主要是仓门的开、关试验。

（2）料位仪的通电及信号试验。

5.7.3.6　搅拌器的调试

（1）搅拌器门的开、关试验。

（2）启动运行查看有无刮碰现象。

（3）开、关门信号试验。

5.7.3.7　秤的调试

（1）骨料秤。

1）将秤调平。

2）骨料秤门的开、关试验。

3）开、关门的信号传递试验。

（2）粉料秤。

1）将秤调平。

2）粉料秤蝶阀的开、关试验。

3）称粉和放粉螺旋的调试。

（3）沥青秤。

1）将秤调平。

2）称沥青试验。

3）沥青喷射试验，点动运行即可，在上料试验时再进行试验。

4）浮球开关信号试验（可视情况进行试验）。

（4）校秤。

打开操作画面中的校秤窗口，放入一定重量的砝码，输入砝码值，然后确定砝码值，从而确定了比例尺。增减砝码，查看屏幕显示重量与实际是否相符，来检验比例的正确性。

5.7.3.8　粉料供给系统的调试

（1）粉料提升机，与热骨料提升机的调试方法相同。

（2）上粉螺旋及粉循环螺旋，启动后查看有无刮碰。

（3）Y 型卸料机，启动运行查看有无异常。

（4）仓顶收尘机、小布袋除尘器启动运行，查看有无异常。

（5）助流气垫，打开吹气试验。

（6）料位仪，通电及信号试验。

（7）插板阀开度的调整。

5.7.3.9　成品料仓系统的调试

成品料仓分为下置式成品料仓、横移小车式下置成品料仓和旁置式成品料仓。

（1）下置式成品料仓。

1）翻板开关及信号。

2）放料门的开、关。

（2）横移小车式成品料仓。

1）小车各停车位（接近开、关的调整）及信号。

2）各仓位门的开、关及信号。

3）小车门的开、关。

4）放料门的开、关。

5）小车制动的调整（先试车，如果没问题，不要调整）。

（3）旁置式成品料仓。

1）成品仓门、废品仓门的开、关。

2）轨道岔（图 5.20）的起落是否灵活到位，并检查信号的传递情况。

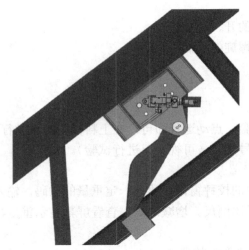

图 5.20　轨道岔

3）手动盘小车查看有无刮碰，调整接料位、清零位磁性接近开关，并检查信号的传递情况。

（4）卷扬机制动装置的调试。

1）调整闸片两侧间隙。

2）调整抱闸的制动力。

（5）启动运行卷扬机。

1）检查编码器的运行情况。

2）检查小车距轨道岔的最小距离，是否大于小车轮处边端面距轨道内面的距离，在运行中有无潜在刮碰的可能。

注意：制动装置调试方法：

1）上端大拉杆为调整闸片间隙的。

2）上端两侧小拉杆为调整闸片抱紧力的。

3）端顶丝为调整闸片两侧间隙是否均匀的。

5.7.3.10　除尘系统的调试

（1）引风机。

1）张紧传动皮带，并调整电机座使电机皮带轮与主机风叶轮的轴线平行，且二者皮带槽的连线与轴线垂直。

2）风门开、关试验。

（2）布袋除尘器。

1）脉冲喷吹参数的调整（主要是脉冲间隔和脉冲宽度，脉冲宽度即喷吹的时间长短，脉冲间隔，即间隔时间，脉冲宽度大，耗气量大，气压下降，所以脉冲宽度与脉冲间隔一般相关联调整，宽度大了，间隔要长些，否则供气量不够）。

2）冷风阀的开、关试验（温度设定，设得低些，看是否打开）。

3）冷风阀开、关温度设备定。

4）卸料机、螺旋启动运行，检查有无异常。

（3）泥浆泵。

启动运行，检查有无异常。

5.7.3.11　气路控制系统的调试

（1）空压机的调试。

1）张紧传动皮带。

2）启动运行，查看有无异常。

3）调整气压，使其达到正常工作状态。

（2）三联件的调试。

1）调整调压阀，使其达到工作压力。

2）调整油雾器（一般不用润滑，防止过度润滑）。

5.7.3.12　沥青导热系统的调试

（1）加注导热油：加注导热油时应在楼体上经常排气，直到导热从排气孔溢出，关闭排气阀。继续加注导热油，待膨胀槽油满溢流管路回油时，注意查看低位槽油位，当低位槽油位达到适当量时停止注油，低位油量不易过多，以较少为易，以免脱水时溢出。

（2）启动导热油循环泵，系统中会有缺油现象，再次补油，直到合适为止。

（3）导热油常温循环，常温循环 1～2h。检查油压表、压差显示仪表、温度表工作是否正常。

（4）导热油炉燃烧器的调试。

导热油炉燃烧器一般采用进口燃烧器,此燃烧器的雾化方式属于机械式雾化,油压一般在 8～12bar,一般有两挡,在每挡内风机和油泵的转数都是恒定的。

点火试验;

1）点火后先在小火状态下,调整风门,新调备油压不需要调节。

2）在大火状态下,调整风门。

3）手动切换大、小火状态,查看燃烧是否正常。

（5）油炉燃烧机调整好后,正式点火升温。设定导热油炉出油和回油温度为适当值,以检测仪表控制燃烧器的情况。

（6）导热油升温。100℃以下时可快速升温,升温梯度 5～10℃并检查仪表工作是否正常,测试燃烧器起、停及大、小火转换是否正常。

（7）出油温度达到设定值时要停止升温,进行循环,待压差趋于稳定后继续升温。

（8）当回油温度达到 100℃时要停止升温,进行循环,待压差趋于稳定后继续缓慢升温,升温梯度为 2～5℃。

（9）当出油温度达到 130℃,或加油温度达到 110℃时,要进行长时间的循环,待压差稳定后继续升温,升温梯度不超过 5℃。

（10）当回油温度达到 140℃时,导热油加热基本趋于稳定,升温梯度为 5℃。

（11）当出油温度达到 190℃,或回油温度达到 180℃时,在此状态下循环半小时左右即可,空载时,不易在高温停留时间过长。

5.7.3.13　主燃烧器的调试

主燃烧器风油自动调解,风油比例由 PLC 和变频器控制。由于风机和油泵的转数均是连续发生变化的,所以风量和喷油量也是连续变化的,设好参数即可,不需单独调整风油比例。

（1）打开喷气阀,喷气试验。

（2）起动风机,查看有无异常。

（3）泵油试验,查油压是否正常。

（4）自动状态点火试验,可先做燃柴油试验,点火后查看点火信号及火焰是否正常,滚筒中无料不易燃烧时间过长,5min 左右即可,在试验时火焰开度要尽量小。温度控制试验在上料时再进行,空机试验不能做温度控制试验。

5.7.4　整机试运行

设备安装、润滑完毕,且对各部总成分别进行了调试。然后,对设备进行试运行试验。试运行试验分为空载试运行、载荷试运行和拌合试验三个阶段。

（1）空载试运行。将设备按规定的操作顺序顺启动,运转一段时间,并检查各部总成的运行情况是否正常,如有异常应及时处理。(空载试运行可视情况启动设备,如果无沥青或沥青温度较低,则不启动沥青循环泵;空载运行时,主燃烧机不点火。)

1)启动顺序及启动时应注意的事项。

①启动顺序:引风机、空压机、沥青循环泵(无沥青或沥青温度不够,可不启动)、搅拌缸、振动筛、热骨料提升机、干燥滚筒、斜皮带机、粉料(回收粉)提升机、粉料(回收粉)循环螺旋、布袋除尘星型给料机、布袋除尘箱内螺旋、重力除尘螺旋、燃油泵、平皮带机、给料机等。

②启动时应注意的事项。

a. 引风机:启动前应检查风门。

b. 沥青循环泵:启动前应检查保温三通阀开、关是否正确。

c. 空气压缩机:启动时应处于空载状态。

(2)带负载试运行。设备空载运行一段时间,检查各部运行正常后,可直接进行带负载试运行。

1)燃烧器点火后,观察尾气温度(各型号设备上料时的尾气温度不同),当尾气温度达到上料温度时,启动给料机变频器,使其处于 run 状态,开始上料。

2)带负载试验时,给料机的给料量不易过大,一般达到额定产量 50%～80%即可。

3)带负载试验的时间不需要太长,一般 30min 左右即可。

4)在带负载试验时,应注意观察干燥滚筒出料口温度显示是否正常,有条件的情况下可进行燃烧器自动控温试验。

(3)沥青混合料的拌合试验。若设备带负载试验过程中一切正常,且沥青、粉料等条件均已具备的情况下,可进行沥青混合料拌合的试验。沥青混合料拌合试验量一般不多于 3 缸(每缸不多于搅拌器额定拌合量),沥青混合料拌合试验量的多少应征求用户意见。

1)每缸沥青混合料拌合试验量可以少于搅拌器的额定标量,但不易过少,实际试验拌合量一般为 70%～100%额定标量。

2)如果试验的沥青混合料需进行采样,应特别注意温度、拌合时间和计量精度三个要素。

第 6 章 生产前准备

6.1 相关知识

（1）沥青混合料的定义：沥青混合料是沥青混凝土和沥青碎石混合料的总称。沥青混凝土混合料（简称 AC）；沥青碎石混合料（简称 AM）；沥青玛蹄脂碎石混合料（简称 SMA）。

（2）配合比的设计一般有三个阶段：目标配合比的设计；生产配合比的设计；生产配合比的验证。本书介绍的拌合站使用的是生产配合比。

（3）集料的粒径。

1）级配控制粒径：0.075、0.15、0.3、0.6、1.18、2.36、4.75、9.5、13.2、16.0、19.0、26.5、31.5、37.5。

2）热振筛筛网控制粒径：2.36、4.75、9.5、13.2、16.0、19.0、26.5、31.5。

（4）沥青加热温度。根据沥青的性能及标号不同，加热温度也不同。一般情况下沥青加热温度按施工要求进行，取中下线为宜。

1）普通沥青一般加热温度为 140～160℃。

2）改性沥青一般加热温度为 160～180℃。

6.2 热筛分试验

（1）筛分试验过程。

1）按顺序启动设备。

2）清空热骨料贮仓。

3）点火、上料。

4）热骨料贮仓中存一个的料。

5）取样。

6）将取样料放置到指定地点。

（2）筛分试验应注意的问题。

1）料径 0.075mm 以下颗粒的控制。

2）上料量不必达到设备的额定生产量。

3）加热温度不要太低。

4）取样前最好把料头放掉。

5）各仓应间隔取样，每种料取样前应涮缸。

6）停料后不要马上关闭引风机风门，保证除尘效果。

7）取样设备及工具，如铲车、废品仓等，应清理干净。

8）由专人指挥。

9）根据检测结果，决定是否再次进行筛分试验。

6.3　成品料试验

图 6.1 所示为生产成品料试验现场。

图 6.1　成品料试验现场

（1）成品料的试验过程。

1）将沥青加热到规定温度；将重油加热到适当温度。

2）将一定量的石粉加入到石粉仓中。

3）按顺序启动设备。

4）点火、上料。

5）应将未达到温度的骨料放掉。

6）骨料达到温度后，开始贮料。

7）骨料仓中骨料贮存至少按配合比够三缸的量。

8）称量骨料、粉料、沥青，试拌成品料。

9）试拌的成品料通过废品仓放入到铲车中，进行取样。

10）再次试拌，可根据要求试拌两缸或三缸。

（2）成品料试验应注意的问题。

1）未达到温度的热骨料应放掉。

2）试拌前热骨料贮料仓中应存有足够的热骨料。

3）成品料试验时，出料温度应取中上限。

4）每缸搅拌量不易过少。

5）搅拌时间略长一些。

6）一般至少要从第二缸开始取样。

7）可直接在搅拌器下用铲车接料进行取样。

8）取样工具、铲车等应保持清洁。

9）取样过程应有专人跟踪，掌握取样全过程。

6.4　试生产

（1）试验阶段。

（2）试生产前拌合站的准备。

1）生产原料的准备。

2）燃料的准备。

3）设备的检查和维护。

（3）试生产。

1）按规定时间，提前将设备按规定顺序启动。

2）点火，达到上料温度后开始上料，确保准时出料。

3）成品料应先存储于成品料仓中，待仓满后开始放料。

4）试生产过程最主要的两点是：保证成品料质量；保证试生产的连续性。

第 7 章　故障的判断及处理

7.1　故障的判断方法

故障的判断是否及时、准确主要取决现场人员对设备结构的熟悉程度、设备原理的掌握情况、实际经验的积累以及思维方式。也就是熟悉结构、懂得原理、了解状态加上正确的思维是准确判断故障的方法。

设备及每个部件的结构及其原理，我们可通过理论学习和现场实践进行积累和提高，而思维方式也是正确判断故障的因素。

（1）逆向思维法：这是经常用的一种方法，就是从一个结果推测产生结果的原因，这个原因对于上一个原因又是结果，这样一环一环地向前追溯，来判断故障原因的思维方法[10]。

（2）排除法：多个原因可能会产生同一个结果，具体是哪一个原因造成的，我们可以逐一排除，最终找出产生这一结果的真正原因[11]。

7.2　冷料系统

冷料系统出现的故障主要有：皮带跑偏和皮带打滑。

7.2.1　皮带跑偏

图 7.1 所示为皮带跑偏的故障形式。

图 7.1　皮带跑偏

皮带跑偏产生的原因:

（1）主、被动轮轴线不平行，且其轴线与皮带机架不垂直。

（2）皮带托辊架与皮带机架不垂直。

（3）皮带机安装时不水平，皮带受重力作用向一侧跑偏。

（4）这一原因一般是与其他因素共同存在，导致皮带跑偏不可控。

（5）皮带自身存在缺陷，导致皮带跑偏。

（6）另外，皮带承载料不均匀、皮带托辊阻力不同等原因也是造成皮带跑偏的一个因素。

处理办法:

（1）调整主、被动轮顶丝。

（2）调整折腰轮的压紧程度。

（3）将托辊架校正到与皮带机架垂直。

（4）将皮带机架或主、被动辊垫平。

（5）调整下料位置，使给料机下料尽量对准皮带中心。

（6）如果皮带自身存在缺陷，应将皮带张紧一些，运行一段时间后，再将皮带适当地调松，可消除跑偏现象。

7.2.2 皮带打滑

图 7.2 所示为皮带打滑的故障形式。

图 7.2 皮带打滑

皮带打滑产生的原因主要有两点:

（1）皮带张紧度不好。

（2）电动滚筒与皮带之间摩擦力太小。

处理办法：

（1）张紧皮带。

（2）增加电动滚筒与皮带之间的摩擦力，可以在电动滚筒上焊接一些点来增加摩擦力。

7.3　干燥滚筒

干燥滚筒出现的故障主要有：滚筒燃烧室烧坏；电流不平衡；滚筒打滑；滚圈磨损不均，出现齿状棱；部分部件开焊。

7.3.1　滚筒燃烧室烧坏

滚筒燃烧室烧坏的原因：

（1）燃烧器火焰轴线与滚筒轴线有夹角。

（2）燃烧器安装方式不正确，火焰没有完全进入滚筒内。

（3）油温过低、风压过低或是雾化片、喷枪堵塞导致的雾化效果不好。

（4）燃烧室内结焦。

处理办法：

（1）查看燃烧室烧坏的方位，调整喷枪使火焰与滚筒重合或平行。

（2）查看燃烧器推入燃烧室位置是否合适，火焰能否全部进入燃烧室中。

（3）检查油温（油压）、风压；检查并清洗雾化片、喷枪。

（4）检查并清理燃烧器前端及燃烧室内结成的油焦。

7.3.2　电流不平衡

四个托轮电滚不平衡的原因：主要是由于四个托轮承受的力不同而形成的。

（1）接触面的粗糙度。

（2）正压力。

处理办法：调整四个托轮所受的力，使它们受力尽量达到一致。

（1）向前或向后调整托轮的位置，使四托轮承受的正压力尽量一致。

（2）适当调整上、下位置使滚筒重心基本分布在两对托轮连线的中点上，使上、下两对托轮受力基本一致。

（3）通过调整托轮角度来调整托轮与滚圈的接触面（实际上，接触面与摩擦力无关，但摩擦力与粗糙度有关，接触面小，那么接触面范围内的粗糙度应当有所变化），从而达到调整四个托轮受力分布状态的目的。

7.3.3 滚筒打滑

滚筒打滑原因：滚筒打滑的主要原因是由于托轮与滚圈之间存在润滑物质，如润滑脂、油漆等。

处理办法：将润滑物质清理干净，或直接洒上防滑物，如石粉、粉尘。

7.3.4 部分部件开焊

开焊原因：制造缺欠。

处理办法：补焊，分析原因进行适当加固或采取措施进行调整。

7.3.5 滚圈磨损不均，出现齿状棱

滚圈出现齿状棱的原因：

（1）减速机输出转数不同。

（2）四个托轮直径有误差，四个托轮具有相同的角速度，由于其直径不同会输出不同的线速度，而两个滚圈要求具有相同的线速度，那么托轮与滚圈之间就存在着一个周期性的交变的力，从而产生齿状磨损。

（3）两个滚圈直径有误差，四个托轮输出同样的角速度，并传递给两个滚圈相同的线速度，而两个滚圈都固定在同一个滚筒上具有相同的角速度，如果两个滚圈直径不相同，若有相同的角速度就应当输入不同的线速度，而输入的却是相同的线速度，那么滚筒与托轮之间应当存在着一个周期性的交变力，从而产生齿状磨损。

（4）滚筒存在周期性的阻力，使滚圈承受周期性交变的摩擦力，从而产生有一定规律的磨损。

处理办法：

（1）查看减速机速比、电机转数是否正确一致。

（2）检查托轮直径是否存在误差。

（3）调整托轮，使托轮与滚圈的接触面减小，降低齿磨损的面积。

7.4 热骨料提升机

热骨料提升机容易出现的故障主要有：链条脱出轮槽（掉链子）、掉料严重、被动轮（下轮）轴承损坏、链勾断裂、链斗变形严重、制动器损坏。

7.4.1 链条脱出轮槽

图 7.3 所示为链条脱出轮槽的故障形式。

图 7.3 链条脱出轮槽

链条脱出轮槽的原因：

（1）被动轮轴线与主动轮轴线不平行。

（2）主动轮、被动轮槽发生偏移。

（3）主动轮轴承座有高度差。

处理办法：

（1）调整被动轮，使被动轮轴线与主动轮轴线平行，链条自然下垂后在被动轮链槽中。

（2）查看主动轮轴承座是否水平，如误差将其调平，调平后调整被动轮，使链条自然下垂后在被动轮链槽中。

7.4.2 掉料严重

掉料严重产生的原因：

（1）热骨料提升机下料溜道衬板位置不合适。

（2）下料溜道下料不通畅。

处理办法：

（1）调整衬板位置，使料流抛到衬板上。

（2）检查溜道，查看是否有下料不通畅的原因，并进行相应的处理。

7.4.3　被动轮（下轮）轴承损坏

被动轮（下轮）轴承损坏的原因：

（1）密封不好，有粉尘进入，导致轴承损坏。

（2）轴承座顶丝松动，轴承座振动，长时间运行导致轴承损坏。

（3）轴承压盖螺栓松动，螺栓与轴承盖产生摩擦致使轴承过热导致轴承损坏。

处理及预防措施：

（1）检查轴承座的密封情况，保证轴承座内充满润滑脂，防止粉尘进入。

（2）检查轴承座顶丝，如有松动现象应及时处理。

（3）检查轴承压盖螺栓，防止松动。

7.4.4　链勾断裂

图 7.4 所示为链勾断裂的故障形式。

链勾断裂的原因（排除制造质量问题）：

（1）链条自然下垂后未进入被动轮链槽，链条处于强制入槽状态，如图 7.4（a）所示。

（2）料斗与链勾之间严重松动，料斗在盛料过程中对链勾产生较大的冲击。

（3）料斗严重变形，且有刮碰现象。

（4）链条张紧不适当；链条长度不适当。

（a）被动轮　　　　　　　　　　　　（b）主动轮

图 7.4　链勾强制入槽状态

处理及预防措施：

（1）调整主动轮和被动轮使链条自然下垂时能够自然进入链轮的链槽。

（2）检查料斗与链勾之间是否有严重松动现象，并适当调整紧固。

（3）检查料斗是否有严重变形，有无刮碰现象。

（4）检查并调整链条长度，并对链条进行适当的张紧如图 7.4（b）所示。

7.4.5　料斗严重变形

料斗严重变形的原因：

（1）料斗与其他部位有刮碰现象。

（2）链条长度不当，料斗接料位置冲击过大。

处理及防止措施：

（1）检查料斗是否有刮碰，并做相应的处理。

（2）检查料斗接料时位置是否合适，并做相应调整。

7.4.6　制动器损坏

制动器损坏原因：

（1）电路故障，线圈烧毁。

（2）制动器片间隙调整不适当，过热导致损坏。

处理办法：检查线路，并检查制动器片间隙是否适当。

7.5　振动筛

振动筛容易出现的故障主要有：轴承过热、传动皮带脱落、筛网损坏、筛梁损坏。

7.5.1　轴承过热

轴承过热产生的原因：

（1）润滑不适当：油位过低或润滑油选用不当。

（2）轴承限位不好，轴承有一定的活动量，产生摩擦或撞击致使轴承过热。

处理及防止措施：

（1）检查油位，选择适当的润滑油。

（2）检查轴承的安装情况，并做适当的调整或紧固。

7.5.2　传动皮带频繁脱落

传动皮带脱落的原因：传动皮带张紧度不适当。

处理办法：

（1）调整皮带的张紧度。

（2）检查电机皮带轮与轴皮带轮的位置情况，并做适当的调整。

7.5.3 筛网损坏

筛网损坏的原因：

（1）安装筛网时，筛网与梁之间有杂物未清理，运行后筛网松动。

（2）安装筛网时，拉勾处未安装好，运行后筛网松动。

（3）运行一段时间后，筛网张紧拉勾螺栓松动，造成筛网松动。

处理办法及预防措施：

（1）安装时，固定支撑梁和拉勾梁上杂物清理干净。

（2）安装时，筛网拉勾处与勾梁拉勾处安装可靠。

（3）振动一段时间后，检查并张紧拉勾螺栓。

（4）可用八号或十号线将筛网捆绑到固定支撑梁上。

7.5.4 筛梁损坏

各种形式的筛梁如图 7.5 所示。

图 7.5　各种筛梁

筛梁损坏的原因：

（1）筛网损坏未及时发现，筛网与筛梁产生冲击，导致筛梁损坏。

（2）筛梁上的盖板等紧固件松动，未能及时发现，与筛梁产生冲击，导致筛梁损坏。

（3）压缩弹簧在重载下，已压缩到极限。

（4）拉勾张紧量过大。

处理办法及预防措施：

（1）安装筛网时应确保可靠，检查筛网状态，防止筛网松动。

（2）检查并紧固盖板安装螺栓，可采取加双帽或必要时可点焊。

（3）检查压缩弹簧。

7.6　热骨料贮料仓及骨料秤

热骨料贮料仓容易出现的故障主要有：各仓混料、计量冲量难以控制、溢料异常、一号仓不下料、秤门或仓门卡滞、超限料溜道堵塞等。

7.6.1　各仓混料

各仓混料产生的原因：

（1）振筛与贮料仓过渡隔板高度不合适，接合处变形。

（2）热骨料贮料仓隔板损坏。

（3）筛网损坏。

处理及预防措施：

（1）检查振筛与热骨料贮料仓过渡隔板高度是否有造成混料的可能；查看接合处有无变形，是否造成混料的可能。

（2）检查热骨料贮料仓隔板是否损坏。

（3）检查筛网是否有损坏。

7.6.2　计量冲量难以控制

计量冲量难以控制的原因（机械方面）：

（1）热骨料贮料仓关门速度过慢。

（2）热骨料贮料仓门开度不适当。

处理办法：

（1）调整热骨料贮料仓的关门速度。

（2）调整热骨料贮料仓门下料口的大小。

注意：提前关门是防止冲量的办法，有时难以精确控制，尤其是此种料需要较少时。

关门速度能够快速斩断料流；门较小，料流较截面直径小；所以快速关门和减小料门截面是精确控制冲量的有效办法。

7.6.3　溢料异常

溢料异常产生的原因：

（1）料位仪损坏。

（2）溢料溜道上盖板损坏或有漏料的可能。

（3）溢料溜道某段损坏，产生漏料现象。

处理办法：

（1）检查料位仪，必要时直接查看仓中料位。

（2）检查溢料溜道上盖板是否损坏，或查看上盖处是否有漏料可能。

（3）进入仓中查看溢料溜道是否有损坏漏料现象。

7.6.4　一号仓不下料

一号仓不下料产生原因：前一天停工时，一号仓内有残存料，下雨受潮，仓门口处料湿。

处理办法：打开仓门，用钎子等工具，将仓口处湿料除去；每天停工前尽量将料放净；检找漏雨处，并进行相应的处理。

7.6.5　仓门或秤卡滞

产生原因：一般出现在大料径仓门。

（1）仓门间隙不当。

（2）仓门打开过位。

（3）秤门轴承损坏。

处理办法及预防措施：

（1）查看仓门间隙（一般大于二倍料径），现在的仓门结构一般不会有此类故障。

（2）查看仓门打开时，是否过位。

（3）检查秤门轴承。

7.6.6　超限料溜道堵塞

超限料溜道堵塞产生的原因：

（1）开机前超限料仓内有杂物，未及时清理。

（2）除尘效果不好，超限仓内灰尘较大，且受潮。

（3）大料剔除装置损坏，有杂物进入。

处理及预防措施：

（1）在适当位置开口，用钎子将溜道堵塞处透开。

（2）检查超限料仓及大料剔除装置，采取相应措施，防止频繁出现此现象。

7.7 沥青及粉料计量

沥青及粉料计量系统常出现的故障：

（1）沥青计量及喷射：沥青冲量难以控制（机械）；喷不出沥青；喷射沥青时秤显示异常。

（2）粉料计量及放石粉：粉料充缸；粉料冲量难以控制；称粉刚叶卡滞。

7.7.1 沥青计量及喷射

沥青计量及喷射故障产生的原因：

（1）沥青冲量难以控制主要是由于管量布置不当，角度不够，容易产生自流现象。

（2）喷不出沥青主要原因是由于秤底沥青或管路残留沥青温度过低，产生堵塞现象。

（3）喷射沥青时，沥青秤数据显示异常，主要是由于沥青出油口距秤底间隙过小。

处理办法及预防措施：

（1）由地面到主楼沥青秤的管线角度尽量大，最好为 90°，而且进入秤前的管路不应有水平段。

（2）每日停工前应将沥青秤中的残留沥青喷净；开工前应对沥青秤及喷射泵进行充分加热。

（3）调整沥青秤底与出油管的距离，且出油管为斜口，避免产生沥青秤被吸起的现象。

7.7.2 粉料计量及放石粉

粉料计量及放石粉故障产生的原因：

（1）粉料充缸是由于粉料秤放粉蝶阀未关严造成的。

（2）粉料冲量难以控制是由于粉料仓下料不通畅或下料速度调整不当造成的。对于 LB4500 型由于称粉蝶阀未关严也可造成冲量难以控制（停止称量后继续漏粉）。

（3）称粉刚叶卡滞是由于轴承损坏或进入杂物。

处理办法及预防措施：

（1）粉料充缸：检查并调整粉料秤放粉蝶阀，保证其关闭时能够关严。

（2）粉料冲量难以控制：采取气吹、振捣等方式使粉料下料通畅；调整好粉仓下料口插板阀，控制其下料速度。

（3）称粉刚叶卡滞：可以先打反转试验一下，并视情况反复几次，如无好转，可停机检查轴承，并清理杂物。

7.8　搅拌器

搅拌器常出现的故障：

（1）搅拌器门打不开。

（2）搅拌器门关闭不严、漏料；部分拌臂磨损严重。

（3）减速机与搅拌轴连接链条脱开；搅拌器拌料时楼体晃动严重。

7.8.1　搅拌器门打不开

搅拌器门打不开的原因：

（1）上次停机前未刷缸。

（2）搅拌器门间隙过小。

处理办法及预防措施：

（1）每日停工前应刷缸，如遇到突然停电时，应采取手动强制将搅拌器门打开。

（2）调整搅拌器门间隙，使其间隙达到适当值。

7.8.2　搅拌器门关闭不严、漏料

搅拌器门关闭不严、漏料的原因：搅拌器门间隙过大。

处理办法：查看漏料点，并调整搅拌器门间隙。

7.8.3　部分拌臂磨损严重

部分拌臂磨损严重的部位及原因：

（1）寿命 5 万批次。

（2）干拌对拌臂磨损较大。

处理办法及预防措施：

（1）生产 2 万批次时开始进行检查。

（2）尽量缩短干拌时间（减短喷射沥青延时）。

7.8.4　减速机与搅拌轴连接链条联轴器脱开

减速机与搅拌轴连接链条脱开原因：

（1）链条连接处开口销未锁好。

（2）减速轴与搅拌轴不同心。

处理办法及预防措施：

（1）检查链条连接处开口销。

（2）查看搅拌轴与减速机轴是否同心，运行是否异常。

7.8.5　搅拌器拌料时楼体晃动严重

搅拌器拌料时楼体晃动严重的原因：

（1）两卧轴上的搅拌臂不同步。

（2）两卧轴轴承座高度未在同一水平面上。

处理办法：

（1）检查两卧轴上的搅拌臂不同步，并进行相应调整。

（2）检查两卧轴轴承座高度未在同一水平面上，并进行相应调整。

7.9　除尘系统

除尘系统常出现的故障：粗粉螺旋或回收粉螺旋堵塞；布袋除尘滤袋过滤效率降低；引风机轴承损坏；引风机风轮刮碰机壳布袋除排粉螺旋输送机卡滞；负压管路堵塞。

7.9.1　粗粉螺旋堵塞

堵塞的原因：

（1）螺旋安装时，热骨料提升机入口处位置不适当。

（2）停工时，停机顺序不当。

（3）过早停机，粉未排净，且进雨水。

处理办及预防措施：

（1）热骨料提升机入料口应尽量向提升机主体靠近。
（2）停机时顺序应得当，由料源方向开始停机。
（3）停工时应将设备内粉尘排净。

7.9.2　布袋除尘滤袋过滤效率降低

布袋除尘滤袋过滤效率降低的原因：
（1）布袋受潮，透气性差。
（2）布袋过烧后收缩，抖动量小，清灰效果不好。
（3）喷吹管路故障，清灰效果不好。
处理办法及预防措施：
（1）注意尾气温度，必要时定期烘干布袋。
（2）注意控制尾气温度，防止布袋过烧。
（3）检查喷吹管路，保证清灰效果。

7.9.3　引风机轴承损坏

引风机轴承损坏的原因：润滑不好或进入脏物。
处理办法及预防措施：保证润滑。

7.9.4　引风机风轮刮碰机壳

引风机风轮刮碰机壳产生的原因：安装时机壳发生变形，造成入风口与风轮刮碰。
处理办法：调整机壳及烟道，使风机入风口与风轮周边间隙均匀。

7.9.5　布袋除排粉螺旋输料机卡滞

布袋除排粉螺旋输料机卡滞的原因：
（1）轴承损坏。
（2）隔离网损坏，刮碰排粉螺旋输料机叶片。
（3）排粉不畅，导致排粉螺旋输料机轴变形刮碰机壳，出现卡滞现象。
处理办法及预防措施：
（1）轴承应做好密封，防止灰尘进入。
（2）如有异常应及时检查隔离网。
（3）保证排粉尘畅通，停机时应将布袋中粉尘排净。

7.9.6 负压管路堵塞

负压管路堵塞的原因：停机时粉尘管路中有残存的粉尘未排净，下雨漏水，造成堵塞。

处理办法及预防措施：法兰连接处采取防漏雨措施。

7.10 粉料供给系统

粉料供给系统常出现的故障主要有（与粉料计量结合起来）：石粉链斗提升机链条脱出轮槽；上石粉螺旋输料机堵塞。

7.10.1 石粉链斗提升机链条脱出轮槽

石粉链斗提升机链条脱出轮槽的原因：机体较高，链条较长，机尾张紧装配置不当；由于机壳较小，且机体较高，安装时直线度以及与水平面的垂直度较差；或在运行过程中机壳中间节连接处发生变形，导致机体直线度较差或倾斜。

预防措施及处理办法：安装时严格保证直线度以及与水平面的垂直度，机壳中间节连接处紧固可靠；机壳与粉仓加固梁应保证牵固可靠。

7.10.2 上石粉螺旋输料机堵塞

上石粉螺旋一般用于手工上石粉的粉料供给系统中，手工上石粉现场如图 7.6 所示。

图 7.6　手工上石粉现场

上石粉螺旋输料机堵塞的原因：一般是由于有杂物进入、上粉不均匀或粉料潮湿造成的。

处理办法及预防措施：

（1）不得将杂物掉入上粉斗中。

（2）应均匀上料，潮湿粉不得放入料斗中。

（3）如出现堵塞，应将料斗中粉料清理干净，然后进行启动。

7.11　成品料储存系统

成品料储存系统出现的故障主要有：小车开门轮脱落、小车轮磨损严重、小车轮轴承损坏、小车冲过接料位、成品仓 1 号仓开门气缸尾座开裂、小车下行时行走不通畅、小车停位不准确、卷扬机制动器过热且制动效果不好、钢丝绳磨损严重、轨道晃动严重等。

7.11.1　小车轮磨损严重

小车轮磨损严重的原因：

（1）轨道润滑不好。

（2）轨道直线度较差，如图 7.7 所示。

（3）两轨道之间有高度差，小车行走时向一侧偏移。

图 7.7　小车轨道直线度差

处理办法及预防措施：

（1）保证轨道的润滑。

（2）安装时保证轨道的直线度。

（3）安装时保证两轨道的水平度。

7.11.2　小车轮轴承损坏

小车轮轴承损坏的原因：

（1）润滑不好。

（2）压盖锁紧螺栓松动，与后盖摩擦过热导致轴承损坏。

处理办法及预防措施：

（1）做好润滑。

（2）检查并锁紧轴承压盖螺栓。

7.11.3　小车冲过接料位

小车冲过接料位的原因：

（1）制动器调整不当。

（2）小车料未放净。

（3）编码器晃动，读数出现误差。

（4）其他电器故障。

处理办法及预防措施：

（1）调整制动器。

（2）检查小车放料是否放净，适当调整小车放料时间，并注意观察。

（3）检查编码运行情况，并进行相应的调整。

（4）协助电器人员检查电器故障。

7.11.4　成品仓 1 号仓开门气缸尾座开裂

成品仓 1 号仓开门气缸尾座开裂的原因：由于一号动作频繁，尾座疲劳强度不够。

处理办法及预防措施：检查并加固一号气缸尾座。

7.11.5　小车下行时行走不通畅

小车下行时行走不通畅的原因：

（1）轨道有障碍物（沥青或混合料）。

（2）轨道直线度差。

处理办法及预防措施：

（1）检查并清理轨道；检查并清理轨道接缝处。

（2）安装时保证轨道的直线度。

7.11.6　小车停位不准确

小车停位不准确的原因：

（1）制动器调整不当。

（2）编码器晃动。

（3）其他电气故障。

处理办法及预防措施：

（1）调整制动间隙及制动力。

（2）检查编码器的运行情况，并进行调整。

（3）协助电气人员检查电气故障。

7.11.7　卷扬机制动器过热且制动效果不好

卷扬机制动器过热且制动效果不好的原因：制动器间隙和制动力调整不当。

处理办法及预防措施：调整制动器间隙，调整制动力。

7.11.8　钢丝绳磨损严重

钢丝绳磨损严重的原因：润滑不好。

处理办法及预防措施：检查丝轮的润滑和运行情况，检验钢丝绳的润滑和运行情况，并做好润滑。

7.11.9　轨道晃动严重

轨道晃动严重的原因：由于轨道连接处未紧固好，或支架未加固好导致小车在接料、放料或运行过程中轨道产生晃动现象。

处理办法及预防措施：检查并紧固轨道连接处；检查并加固轨道支架。

7.12　沥青导热油系统

沥青导热油系统出现的故障主要有：燃烧器雾化不好；燃烧能力下降；热油泵损坏；保温沥青泵损坏；接卸槽浮起；保温阀、保温泵漏沥青；导热油循环不畅。

7.12.1 燃烧器雾化不好

燃烧器雾化不好的原因：

（1）风门调整不当，风量不合适（油炉燃烧器，油压是固定的，雾化效果调节主要是调节风量）。

（2）油压过低，这主要是由于油泵磨损或受到腐蚀，间隙过大，导致油压下降。

处理办法：

（1）调节风门，使风油比达到合适值；烟呈黑色，风过小，应将风门调大。如果调大后火焰熄灭，无法调整到合适值时，可能是油压过低。

（2）调整油压，如果油压顶丝调到最大仍不能达到理想雾化效果时，应更换油泵。

7.12.2 燃烧能力下降

燃烧能力下降的原因：雾化效果目测尚可，但燃烧能力明显下降，通过调节风油比无法提高燃烧能力，这主要是因为油压偏低或略低于理想值（8～11bar）下限。

处理办法：调节油压，将油压适当地调高，如果油压已无调节量，则应更换油泵。

7.12.3 导热油循环泵损坏

导热油循环泵损坏的原因：

（1）有杂物进入泵头中。

（2）润滑不好，导致轴承损坏。

处理办法：

（1）安装时防止泵头进入杂物，清理过滤器时，应将滤网安装好，保证过滤效果。

（2）保证导热油循环泵的润滑。

7.12.4 保温沥青泵损坏

保温沥青泵损坏的原因：

（1）泵头卡滞。

（2）滑动轴承损坏。

处理办法：

（1）安装时应将沥青管路清理干净；如运行期间进入杂物，停机将管路阀门关闭，将泵头打开清理杂物。

（2）将泵头拆开，将轴及轴套一同拆下，处理后重新安装。

7.12.5 接卸槽浮起

接卸槽浮起的原因：接卸槽安装于地平面以下，防雨措施不好，坑内积满水，接卸槽在空载时容易浮起，致使管路或阀门损坏。

处理办法及预防措施：安装时应将接卸槽埋好，防止周边积水，如图 7.8 所示。

接卸槽

图 7.8　接卸槽的安装

7.12.6 保温阀、保温泵漏沥青

保温阀、保温泵漏沥青的原因：密封材料未压紧或密封材料损坏。

处理办法：压紧密封材料，注意压紧时应两侧均匀压紧，如压紧仍达不到密封效果应及时更换密封材料。

7.12.7 导热油循环不畅

导热油循环不畅的原因：由于过导热油的流动性较差，或过滤器堵塞。

处理办法：清理过滤器。

7.13　燃烧器（机械）

燃烧器出现的故障主要有：喷枪堵塞或卡滞、压缩空气供气量不足、燃烧器罩烧损、燃烧器断火、燃烧器点困难、油压过低、喷枪漏油、油压过高等。

7.13.1 喷枪堵塞或喷枪卡滞

喷枪堵塞或喷枪卡滞的原因：

（1）喷枪堵塞的原因，是由于燃油中含有杂质，过滤效果不好。

（2）喷枪卡滞的原因，是由于燃油具有腐蚀性，将密封圈及喷枪活塞杆腐蚀，喷枪活塞杆滑动性较差导致喷枪开关不畅，会出现喷枪关闭不严、漏油等现象。

处理办法及预防措施：

（1）清理喷枪，清理过滤器。

（2）将喷枪拆下，清理喷枪杆并做好润滑，更换密封圈。

7.13.2 燃烧器罩烧损

燃烧器罩烧损的原因：

（1）喷枪不正，导致火焰偏烧，造成燃烧器罩一侧烧损。

（2）燃油质量不好，容易结焦，结焦后挡住火焰，使火焰改变方向，造成燃烧器罩烧损。

（3）压缩空气供气量不足，气压偏低，油压瞬间超过气压造成气管堵塞，喷气量明显下降，火焰较短无力，造成燃烧器罩烧损。

（4）燃烧器安装位置不当，火焰不能完全进入滚筒，造成燃烧器罩烧损。

（5）喷枪角度有问题，火焰直接烧到燃烧器罩上，造成燃烧器罩烧损。

处理办法及预防措施：

（1）调整喷枪，将喷枪调正。

（2）及时清理结焦。

（3）保证压缩空气的气压和供气量。

（4）正确安装燃烧器。

（5）如果喷枪有问题，应更换喷枪。

7.13.3 压缩空气供气量不足

压缩空气供气量不足的原因：

（1）空压机能力不足。

（2）管路阻尼过多，主要是管路过长且过细。

处理办法及预防措施：安装时采用直径较大的管路。

7.13.4 燃烧器断火

燃烧器断火的原因：

（1）重油过滤器堵塞。

（2）重油管路中有气。

（3）喷枪堵塞。

处理办法：查看油压如果油压过低可能是过滤器堵塞；如果油压不稳定导致断火，可能是管路有气体；清理过滤器或进行排气；检查喷枪，并对喷枪进行清洗。

7.13.5 燃烧器点火困难

燃烧器点火困难的原因：

（1）柴油中杂质多，点火困难。

（2）柴油管路供油不畅，如有气体或堵塞。

处理办法：进行排气，并检查柴油管路，必要时可对柴油管路进行清理。

7.13.6 油压过低

油压过低的原因：

（1）油泵受腐蚀或磨损，泵压下降，导致油压过低。

（2）管路不畅或过滤器堵塞。

处理办法：

（1）更换泵头。

（2）检查并清理管路及过滤器。

7.13.7 油压过高

油压过高的原因：由于重油温度低，黏度大；或喷枪堵塞。

处理办法：提高重油温度，并检查清洗喷枪。

7.13.8 喷枪漏油

喷枪漏油的原因：由于喷枪受到腐蚀，动作不灵活，关闭不严，产生漏油现象。

处理办法：清洗喷枪，并对活塞及活塞杆进行润滑。

7.14 气路系统

气路系统的主要故障：空气压缩机故障；电磁阀触发开关堵塞。

7.14.1 空气压缩机故障

空气压缩机故障主要有：皮带打滑；由于空气滤芯造成空压机效率不足；由

于缺油或油中含杂质，导致活塞缸或曲轴磨损。

处理办法：张紧皮带，空气压缩应安装在通风、洁净的环境，且应有防雨棚，防止雨淋或阳光曝晒。

7.14.2　电磁阀触发开关堵塞

电磁阀（图 7.9）故障主要是触发开关堵塞：是由气管中有杂质进入电磁阀中，导致电磁阀动作失灵。

处理办法：将杂物清除。

图 7.9　电磁阀

第 8 章 拌合站的管理

8.1 安全管理

8.1.1 设备运行期间的安全管理

（1）非操作人员不准擅入控制室，控制室应保持安静，不准与操作人员交谈，不准摸、碰操作 台及控制柜，更不准坐在操作台上。

（2）设备运行期间，非工作人员未经许可，不准擅自进入拌站工作区，如有必要可由拌站工作人员引领进入，并按指定路线行走，否则后果自负。

（3）设备运行期间，如有漏油、漏电现象应及时处理，杜绝隐患。

（4）主楼下、超限料仓、溢料仓、废品仓、成品料仓等运行期间不准在其下穿行和逗留的地方立有安全标识。

（5）设备运行期间，不准在设备上、设备附近休息睡觉，更不准靠在设备上休息。

（6）不准用手触摸正在运行或转动的部件。

8.1.2 设备维护时的安全管理[12]

（1）机修人员检修设备时应将衣扣系好，防止机械卷入伤人。

（2）机修人员检修设备时必须与操作人员联络勾通好，意图不清时必须进行确认后方可进行。

（3）试车或检修过程中试运转时，由调机组长或专人统一指挥。

（4）设备运行期间进行检修必须有专人监护。

（5）在设备检修时控制室应有专人监护，非工作人员不得擅入。

（6）操作人员在设备检修时应精神集中，不准闲聊、交谈，目的不清时应主动与机修人员进行确认后，方能进行相应的操作。

（7）机修人员在检修完设备后，应将工具等物品清理干净，防止开机时卷入设备或滑落伤人。

8.1.3 防火、防爆安全

（1）设备安装完成后，应及时配备灭火器材。

（2）设备防火点主要是柴油罐、导热油炉、重油罐、沥青罐、燃烧器、液化汽罐、木质纤维等。

（3）在防火点应禁止烟火，不得在其附近吸烟。

（4）不准将电缆搭在装有易燃、易爆物品的容器和管道上。

（5）管路及燃烧器有漏油现象应及时处理。

（6）点火前应检查燃烧器喷枪是否漏油，如有问题应及时采取措施。

（7）停机后应及时关闭液化汽管路、柴油管路及重油管路阀门，防止发生泄漏。

8.1.4　其他方面的安全

（1）导热油司炉工必须持证上岗，并时刻监护导热油炉的运行情况，不得擅离岗位。

（2）非工作人员不准擅动导热油及沥青管道阀门。

（3）沥青罐上取沥青样品时，应由工作人员指导取样。

（4）接收沥青时，应时刻监护防止沥青罐充满外溢。

（5）沥青循环泵开启前，必须确认沥青管路阀门调整正确；设备运行期间更换使用沥青罐时，调整完成阀门后应进行确认。

（6）明显部位应设有"安全细则"，重要岗位应有操作规程。

8.2　设备维护管理

（1）每日应对需润滑的部件进行检查，并根据需要对其进行适当的润滑（如热骨料提升机轴承座）；定期为空压机等需要换油的设备更换润滑油。

（2）每日应对空压机、罗茨风机滤芯进行清理。

（3）可视情况安排时间检查燃烧器是否结焦，并及时清理。

（4）经常检查设备各部件的运行情况。

1）新设备运行一段时间应检查链斗提升机的链条是否被拉长，并进行调整。

2）经常观察干燥滚筒的托轮、止推滚轮的受力情况，并进行调整。

3）经常查看振动筛电机的运行情况，接线有无松动，风扇状态是否良好。

4）经常检查粗粉螺旋的运行情况，并做好润滑。

5）经常检查运料小车的运行情况，检查编码器、卷扬机的运行情况，检查卷扬机制动器的运行情况，并进行适当调整。

（5）定期查看设备各部件的运行情况。

1）定期检查搅拌器门及搅拌臂、搅拌头的磨损情况。

2）定期检查干燥滚筒内料板的磨损情况。

3）定期检查振动筛筛网的状态。

4）定期检查传动皮带的运行情况。

5）定期检查骨料秤、热骨料贮料仓门的运行状态。

6）定期检查并清理导热油、重油等过滤器。

8.3　生产管理

（1）原材料管理。

1）按施工规范确定使用几个冷料斗，并标注每个冷料斗中应装入的冷料规格。

2）按施工规范确定应使用的沥青，并估算使用量，对沥青进行提前加热。

3）每日统计沥青、木质纤维、石粉等材料的用量，估算沥青的可存贮量，估算第二天的用量。

（2）辅助材料的管理。

1）统计重油的用量，估算重油的可存贮量，估算第二天的用量。

2）检量液化燃气、柴油的存贮情况，估算可存贮量，估算现有存贮量的可使用时间。

3）统计润滑油的存贮量，及时提交采购计划。

4）统计工具及标准件、密封件等附件损耗情况，及时提交采购计划。

5）统计焊条、氧气、已炔的损耗情况，及时提交采购计划。

6）掌握焊机等设备的完好情况。

（3）生产过程管理。

1）应预先得到生产通知，并提前做好生产准备。

2）随时掌握路面施工情况，并与路面做好勾通，以便很好地安排生产。

3）每日生产结束前应与路面勾通，并准确按路面要求供料，避免浪费。

4）适当地掌握沥青混合料路面施工用量并能估算其用量。

5）随时掌握成品料的生产质量情况，以便于出现问题后，能够及时采取措施。

8.4　人员管理

（1）配备适当数量的人员。

1）一班制：机修1人，电工1人，操作员2人，油炉工2人，冷料2人，放料1人（包括清小车及环保门），盖车布2人，刷车1人，木质纤维、石粉如需人工添加可根据情况配备相应数量的人员。

2）两班制：机修 2 人，电工 1 人，油炉工 2 人，操作员 3 人，冷料 4 人，放料 2 人（包括清小车及环保门），盖车布 3 人，刷车 2 人，木质纤维、石粉如需人工添加可根据情况配备相应数量的人员。

（2）各岗位人员职责明确，油炉工、操作员等岗位交接班应做好记录。

（3）各岗位人员应坚守岗位，提前停机时，各岗位人员应听指挥，未接到通知不得擅离岗位。

（4）各岗位人员应配备相应的劳保及安全用品。

（5）各岗位人员上岗前应进行相应的岗位培训和必要的安全教育。

8.5　现场管理

（1）料场。

1）各规格原料应相互隔离存放。

2）料堆上杂物应清理干净，避免混入料中，误入冷料斗中。

3）超限料、可回用料、涮缸料应分别摆放在指定地点，不得擅自混入冷料堆中或加入到冷料斗中。

4）石料、粉料应有防雨措施。

（2）设备。

1）定期对设备附近的溢料、超限料、废料等进行清理。

2）定期对燃烧器、拌合楼等部位的灰尘进行吹扫，保持设备整洁。

3）每日停机时应及时安排人员清理运料小车、环保门、成品料仓门等易黏沥青的部位。

4）安排人员清理或排放回收粉尘。

5）停机前或雨天应及时将堆放在外的石粉，以及上粉斗盖好，防止雨水进入。

6）如人工添加木质纤维，停工后应安排人员将设备上的木质纤维搬运到指定地点 存放。

（3）铲车及其他。

1）铲车司机上岗前应进行必要的培训，应了解各种料的存放位置，应了解每个冷料斗中存放那种规格的冷料。

2）应配备足够的铲车，除保证上料外，应能够及时清理溢料、超限料等。

3）现场应根据情况洒水消除灰尘。

4）规定运料车的行走路线。

8.6 操作规程

（1）启动设备前应观察三相电压是否正常；查看引风机风门，并调整为关闭状态。

（2）启动顺序：引风机、空压机、沥青循环泵、搅拌缸、振动筛、热骨料提升机、干燥滚筒、斜皮带机、粉料（回收粉）提升机、粉料（回收粉）循环螺旋、布袋除尘星型给料机、布袋除尘箱内螺旋、重力除尘螺旋、燃油泵、平皮带机、给料机等。

（3）启动过程注意事项。

1）引风机启动时，应待其全部完成启动后（即电流稳定后），方可启动下一个电机。

2）空压机启动后，应待其达到设定压力的上限，即空压机处于空载运行时，方可启动下一个电机。

3）启动搅拌缸前，应先将搅拌缸门打开，确认搅拌缸内无料、无杂物后，方可启动；启动后待其电流稳定后，方可启动下一个电机。

4）滚筒和振动筛启动时，应待启动过程全部完成（即电流稳定）后，方可启动下一个电机。

5）启动沥青循环泵时，应先查看沥青温度和管线温度是否达到要求，并确认阀门状态正确后，方可启动。

6）给料机启动时，给料机控制变频器应处于 STOP 状态。

（4）正式生产前应做如下准备：

1）试运行筛分仓门、搅拌缸门、溢料仓门、成品（废品）仓门、秤门，确认各门动作和信号正常。

2）试运行成品位和废品位开门器，试运行成品和废品仓转换器，确认动作和信号正常。

3）试运行成品料运输小车，确认小车运行、停车位置、信号、接料和放料时间符合要求。

4）确认沥青、重油温度符合要求；确认管路阀门开启和关闭状态正确；确认输入"配方"正确；确认引风机风门处于关闭状态；确认点火用燃气压力符合要求。

（5）点火及燃烧机的使用，应按说明书进行；点火后密切注意观察尾气温度，将给料机变频器转换为 RUN 状态，开始上料。

（6）生产成品料前，应将未达到温度的石料放掉，待达到温度后，开始正式生产。

（7）停机要求：停机原则按启机的相反顺序停机，但应按下列要求。

1）空压机应在其他电机停止后，最后停机。

2）应将除尘器内粉尘全部排净后，方可停止排粉螺旋、星型给料机和提升机。

3）确认振动筛和热骨料提升机内已无料后，方可停止振动筛和热骨料提升机。

4）滚筒温度降至 100℃ 以下后，方可停止滚筒、搅拌缸和斜皮带机，然后停止引风机。

（8）导热油炉操作工应有锅炉工施工证；必须坚守岗位，油炉运行期间不得脱岗（不得睡觉），注意观察仪表；停炉时，必须在导热油温度降至 100℃ 以下，方可停止导热油循环泵。

8.7　维修保养及安全细则

（1）振动筛、减速机等油润滑部件，应一周检查一次油位，不足时应补足，但油位不得超过上限，否则会损伤油封造成漏油现象。

（2）热骨料提升机、滚筒和搅拌缸的脂润滑轴承，应每三天润滑一次。

（3）其他润滑部件应每三天检查一次润滑状态，必要时进行润滑，且在 7 日内应至少对脂润滑部件进行一次润滑。

（4）空压机应在洁净、蔽光、散热较好的环境下运行，要注意防尘、防过热；并按使用说明书定期保养，且应及时清理滤芯，以免报警停机影响生产；每日生产结束后，应将空压机、燃烧机上的灰尘吹净。

（5）控制室内应保持洁净，每日打扫卫生，做到窗明几净便于观察外部，室内应无尘、防潮；非工作人员不得擅自进入，操作员应衣帽整洁，工作期间不得穿拖鞋、不得擅离岗位，更不得酒后上岗。

（6）工作期间，除操作员外，其他人员不得接近操作台，以免产生误动作。

（7）至少每周检查一次提升机链条的松紧，及时调整链条张紧（张紧器丝杠顶出 2～3 螺距为宜）。

（8）新设备生产运行 5～7 天后，应对振筛、滚筒、搅拌缸等总成内部进行检查，查看是否有异常现象，并对筛网的张紧情况进行检查和调整。

（9）每日生产结束后，应采用干料刷缸 1～2 次，并将搅拌缸、运输小车、成品仓门等部位黏连的沥青料清理干净；成品仓门应处于打开状态，待冷却后关闭，防止黏住打不开。

（10）每天生产结束后，应将废料、溢料、超限料等清理干净。

（11）在生产过程中，改变沥青工作罐时，应先停下沥青循环泵，调整好阀门，并确认阀门开关正确后，方可再次启动沥青循环泵，继续生产。

（12）放成品料时，必须待运输车辆停稳、到位，确认运输车停位正确、安全，方可放料。

（13）设备检修时，操作人员不得离开控制室，必须与维修人员做好沟通。维修人员要求启动设备时，操作人员必须与维修人员进行两次确认，且确认维修人员均在安全位置后，方可启动。

（14）在维修期间，操作人员应将设备断电，且坚守岗位，其他人员不得进入控制室，防止误动作，确保安全。

（15）启动设备前应长时间鸣笛（铃），确认现场人员均处于安全位置，皮带、滚筒等各运行部件无杂物后，方可启动。

（16）每天生产结束后，应将柴油、燃气阀门关闭，防止渗漏。

（17）点火前，应打开燃烧机观察口查看是否有漏油现象，尤其是在前一生产日停工后没有关闭柴油阀，或多次点火失败后，必须检查漏油情况，如在滚筒或燃烧器罩内有存油，应将油清理干净后，方可点火，以免发生事故。

参考文献

[1] 2017 年交通运输行业发展统计公报，交通运输部网站，2018.

[2] 许光君，李成功. 公路路面机械构造[D]. 沈阳：东北大学出版社，2013.

[3] 沥青混合料搅拌设备发展现状与未来趋势. http://www.nflg.com/info/liqing_111968.htm，2016.

[4] 中国公路学会筑路机械专业委员会. 沥青混合料拌合设备[M]. 北京：人民交通出版社，1981.

[5] 张洪，贾志绚. 工程机械概论[D]. 北京：冶金工业出版社，2009.

[6] 王海莲. 沥青路面再生中旧沥青混合料的回收与再生研究[J]. 中国标准化，2017 (10): 228-229.

[7] 高福德. 沥青路面再生技术综述[J]. 四川水泥，2017(04):50+30.

[8] 张永鑫. 沥青拌合站电气设施的安装及维护[J]. 城市建设理论研究（电子版），2017(30):22.

[9] 谢武斌，张文志. 拌合楼（站）操作与维护[D]. 成都：电子科技大学出版社，2013.

[10] 杨国平. 压路机、摊铺机、拌合机、混凝土搅拌合输送设备、工程起重机故障诊断与排除[D]. 北京：机械工业出版社，2009.

[11] 罗杰. 沥青拌合站生产质量控制及常见故障分析[J]. 中国建材科技，2015，24(06): 108-109.

[12] 程英飞. 试析沥青拌合站机械设备日常维护和保养[J]. 山东工业技术，2018(22): 36.

[13] 郭立华. 沥青拌合厂生产与管理[D]. 北京：华文出版社，2009.